经济空间与城市发展

邬　冰　著

中国财经出版传媒集团

经济科学出版社
Economic Science Press

图书在版编目（CIP）数据

经济空间与城市发展／邬冰著.—北京：经济科学
出版社，2017.10

ISBN 978 - 7 - 5141 - 8509 - 6

Ⅰ.①经…　Ⅱ.①邬…　Ⅲ.①城市经济 - 研究 - 中国
Ⅳ.①F299.2

中国版本图书馆 CIP 数据核字（2017）第 240758 号

责任编辑：周国强
责任校对：隗立娜
责任印制：邱　天

经济空间与城市发展

邬　冰　著

经济科学出版社出版、发行　新华书店经销
社址：北京市海淀区阜成路甲 28 号　邮编：100142
总编部电话：010 - 88191217　发行部电话：010 - 88191522
网址：www.esp.com.cn
电子邮件：esp@ esp.com.cn
天猫网店：经济科学出版社旗舰店
网址：http://jjkxcbs.tmall.com
固安华明印业有限公司印装
710×1000　16 开　14 印张　200000 字
2017 年 10 月第 1 版　2017 年 10 月第 1 次印刷
ISBN 978 - 7 - 5141 - 8509 - 6　定价：48.00 元

序　言

　　21 世纪，随着世界经济一体化和区域集团化进程加快，国际关系中的地缘政治逐渐让位于经济，以经济空间和战略空间思维取代政治关系与军事对抗的态势不断发展，经济空间成为一种发展战略。大国层级的经济空间竞争变成国家角逐与战略安全防范的重要手段。

　　区域发展战略是一种空间格局。从新中国成立到改革开放之前，国家实施的是区域均衡发展战略，以地缘政治关系为基础、国防安全为目标，国家完全计划调拨以平抑沿海和内地差距，追求区域间发展的"公平"。从改革开放后到 20 世纪 90 年代中期，国家发展区域非均衡战略，以追求经济发展总体效率和效益，东部地区经济迅速崛起，成为国家经济主力引擎，"八五"期间，全国经济地带性差异达到峰值。20 世纪 90 年代后期，国家实施了区域协调发展战略，旨在既追求区域发展效率又注重公平。1999～2006 年国家先后出台了西部大开发战略、振兴东北老工业基地战略和促进中部地区崛起战略，由此，中国区域发展战略形成了"东部腾飞、西部开发、东北振兴、中部崛起"四大板块的地理空间格局。

　　新的国家战略是一种空间思维。党的十八届三中全会以来，国家陆续提出实施"一带一路"、"京津冀协同发展"、"长江经济带"三大战略。这种崭新的战略格局,一方面包容了旧有的区域发展战略,另一方面又拓展了经济开发的新空间,注重强调开放发展、协调发展和创新发展,全面提升国家经济发展水平。由此,经济战略不再局限于区域分割发展,而是成为一种大格局,成为一种空间思维,成为一种视野和胸怀。

一、城市是经济空间的支撑平台

城市是经济空间的一个客观实体。历史上城市的出现与三次社会大分工密不可分,随着生产力的不断发展,人类居住地由聚落演变为早期的城市。现代城市已经发展成为由工业生产、行政管理、科技文教、交通运输、仓库储运、市政设施、园林绿化、居住生活等多种体系构成的复杂综合体。伴随工业化和现代化的进程,城市快速扩张并超过了自身功能和影响边界而出现临近城市交叉重叠的"城市区域"。高度稠密的城镇基础设施和高效率的网络流通体系,进一步加速城市延伸,构成了规模较大、地域相邻、彼此关联的都市圈、城市群或是城市连绵带。可以说,经济发展助推着人类城市的演变,而城市又是经济空间发展的实体单元。

城市是国家战略空间的节点。斯蒂格利茨(J. E. Stiglitz)曾说,"中国的城市化与美国的高科技发展将是影响21世纪人类社会发展进程的两件大事。"中国也正经历着从城市到城市圈、城市带到城市层级体系的空间蜕变。《国家新型城镇化规划(2014~2020年)》指出,城镇化是人类社会发展的客观趋势,是国家现代化的重要标志。未来几十年,城市化在中国经济乃至世界经济中仍是一种发展趋势和导向。当前,国家"三大战略"的实施都需要以经济空间内的具体城市为节点加以推进,"一带一路"倡议明确以沿线中心城市为支撑;京津冀协同发展战略的核心思想是有序疏解北京非首都功能，调整经济结构和空间结构，促进区域协调发展；长江带经济带战略提出建立以城市群为主体形态的城镇化格局。可见，在国家战略空间领域，城市将一直是对外开放的窗口和区域经济一体化的节点。

二、城市是多元要素协同发展的综合体

城市是多元要素协同发展的综合体。城市发展需要以产业结构调整和优化升级为驱动力，以提高新型城市化水平为方向，以社会和民族文化为特色，以绿色生态安全为保障，实现人与自然、人与社会和谐的终极目标。

产业是城市发展的驱动力。经济全球化和以信息技术为先导的科技革命迅速发展，加速了全球产业结构升级、优化、调整和转移。世界经济在经历劳动密集型、技术密集型和知识密集型产业的发展过程中，产业集群成为经济空间一种普遍的现象，世界财富的绝大多数都是在集群内创造出的。在国家"三大战略"中，"一带一路"倡议提出优化产业链分工布局，鼓励建设跨境经济合作区等产业园区；京津冀地区以产业升级转移为发展重点领域；长江经济带努力打造世界级制造业集群支撑国家经济转型发展。产业集群是城市经济发展的增长极，东北、西部、中部等板块空间内存在着产业集而不群的现象，加速资源枯竭型城市的接续产业和替代产业发展，加速边境城市的经济合作区和跨境经济合作区的产业园区建设，加速老工业基地产业转型和结构调整，加速国家自主创新示范区的产业高端发展，等等，都是现阶段城市发展亟待解决的问题。

新型城市化是衡量国家和地区社会经济发展水平的重要标志，是城市发展的必然趋势。新型城市化是以新型工业化和信息化为动力，以资源节约、环境友好、经济高效、文化繁荣、社会和谐、城乡统筹为目标的城市发展完善过程。发展中国家和地区普遍存在着经济结构二元性，因此，提高人口城镇化率、就业率、居民生活水平、社会保障水平，促进人口城镇化和土地城镇化协调发展，实现城乡一体化，是城镇化由速度型向质量型转变的趋势，也是全面建成小康社会的必然。

民族文化和生态环境是城市发展的特色与保障。党的十八大报告指出，"文化是民族的血脉，实现中华民族伟大复兴，必须推动社会主义文化大发展大繁荣，文化实力和竞争力是国家富强、民族振兴的重要标志"。刘易斯·芒福德曾归纳人类进步历史上的两大创造工具，"一个是文字及其所记录形成的文化，另一个就是城市"。城市是文化的记忆，文化是城市的灵魂，多元文化共存和宽容的城市，才具有发展的丰富性。通常，边境民族城镇所记录的文化更深邃古朴，而民族城市可持续发展就是进行文化的挖掘、保护和传承。2015 年，国家提出"创新、协调、绿色、开放、共享"五大发展理念，绿色发展成为城市发展的保障。合理规划城市空间格局、用足城市存量空间、建立低碳循环的产业体系和景观生态体系，才能实现城市可持续发展，才能构建人与自然的和谐。

三、辽宁经济空间振兴发展的战略机遇

辽宁是共和国的脊梁，它的兴起伴随着新中国成立。辽宁矿产资源丰富、品种齐备，在传统计划经济体制下，资源型城市的发展受到国有企业的控制，形成了城市企业化和企业城市化。"一五"时期，辽宁布局了 24 项国家重点工程项目，占总数的 15.4%，到 20 世纪 60 年代，已经成为全国以钢铁、石油、机械、化工、建材为主的重化工基地，飞机、汽车、重型及精密机器、冶金及矿山设备等从无到有，为新中国独立完整的工业体系奠定了坚实基础。

　　辽宁的衰退伴随着资源枯竭导致的产业退化。矿产资源的不可再生性决定了资源型产业必将经历一个由盛转衰的发展历程。1992～2001年，辽宁国企遭遇了"最困难的十年"，国有工业企业连续三年净亏损，亏损面达到49.8%。2013年，辽宁14个地级市中的13个被界定为资源型城市（大连除外），阜新市（煤炭）、盘锦市（油气）、抚顺市（煤炭）、北票市（煤炭）、葫芦岛市南票区（煤炭）和杨家杖子区（有色金属）、辽阳市弓长岭区（铁矿）6市（区）成为全国典型的资源枯竭型城市（区）。2001年，国务院确定阜新为全国第一个资源枯竭型城市经济转型试点市，历史时空中沉淀的体制性、机制性和结构性的矛盾需要慢慢消化，经历了第一个转型十年后，阜新振兴发展的路还很漫长。2013年，受国际金融危机的影响，世界经济处于经济周期的低谷阶段，国内处于三期叠加阶段，经济下行压力非常大。辽宁经济增速在2014～2016年出现"断崖式"下滑，2016年成为全国唯一增速负增长省份，辽宁面临的挑战十分艰巨。

　　进入21世纪以来，国家出台了一系列扶持辽宁老工业基地的战略和政策。例如阜新资源枯竭型城市转型试点（2001）、辽宁沿海经济带战略（2009）、沈阳经济区战略（2010）、国家试点智慧城市（2013～2015）、丹东重点开发开放实验区（2014待批）、沈大国家自主创新示范区（2016）、中国（辽宁）自由贸易试验区（2017）等，辽宁的机遇空间再次开启。

　　本书的案例选择全部是辽宁省内的边境城市、资源城市、经济带、经济区、自创区、城市群等经济空间，主要目的有二：一是，全面探索计划经济指导下的以制造业和原材料工业为主的辽宁省,在经济的转型期、拐点期和低谷期城市发展的真实情况;在中国的东北、中部和西部三大板块空间中还存在着诸多像辽宁这样的区域及城市,笔者以典型的辽宁城市发展进行剖析,希望能够为研究者们提供一些原始素材。二是因为,辽宁是我的家乡,这里有我的大学、我的工作和生活,这种家乡的情感让我迫切希望辽宁能够借助国家的战略机遇,战胜艰难的历史性挑战,真正实现破茧重生的发展。

本书以国家战略作为经济空间的划分边界,以城市为经济空间的支撑平台,以产业为经济空间的发展驱动力,以辽宁老工业基地为研究样本,整合了中国经济发展的战略空间,分析了经济空间视域下城市发展问题与发展趋势,内容主要来源为邬冰近十年来主持的相关课题。虽然笔者已经尽力,但受时间以及研究水平的限制,存在的问题还很多。本书的写作过程得到国家发改委东北振兴司副司长杨荫凯博士和辽宁省城乡建设规划设计院副院长马廷玉研究员的大力支持和指导,也借鉴了部分同行的研究成果,在此表示衷心感谢!同时,感谢辽东学院科研处研究经费和人事处第三梯队骨干教师的出版资助,也感谢经济科学出版社的支持。

邬　冰

2017 年 5 月于丹东

目　录

第1章

经济空间与城市发展理论　　1

1.1　经济空间理论 …………………………………………… 2

1.2　城市及其空间概念 ……………………………………… 7

1.3　城市空间优化理论 ……………………………………… 14

1.4　城市化 ……………………………………………………… 18

第2章

中国边境空间与城市　　22

2.1　边境地区空间开发战略 ………………………………… 22

2.2　边境地区对外开放平台 ………………………………… 29

2.3　沿边口岸与口岸城市互动机理 …………………………… 42

2.4　丹东口岸与城市发展趋势 …………………………… 48

第3章

中国资源空间与城市　　56

3.1　资源型城市的空间发展 …………………………… 56

3.2　中国资源型城市空间布局 …………………………… 59

3.3　阜新市经济区位与发展战略 …………………………… 67

3.4　阜新市产业转型发展趋势 …………………………… 78

第4章

辽宁沿海战略空间与城市　　84

4.1　辽宁沿海战略空间演变 …………………………… 84

4.2　辽宁沿海经济带城镇空间结构 …………………………… 89

4.3　辽宁沿海经济带城镇化发展现状与问题 ………………… 98

4.4　辽宁沿海经济带新型城镇化发展趋势 ………………… 107

第5章

沈阳经济区战略与城市　　115

5.1　沈阳经济区城镇空间演变 …………………………… 115

5.2　沈阳经济区城镇化发展现状 ……………………… 123

5.3　沈阳经济区城镇空间发展问题 ……………………… 131

5.4　沈阳经济区新型城镇化发展趋势 …………………… 135

第6章

智慧空间与城市 **144**

6.1　智慧城市实践背景与发展空间 ……………………… 144

6.2　中国智慧城市发展路径设计 ………………………… 149

6.3　沈大自主创新示范区与辽中南城市群的耦合机理 …… 152

6.4　辽中南城市群智慧发展的问题与趋势 ……………… 158

第7章

产业集聚空间与城市 **168**

7.1　产业集群理论 ………………………………………… 168

7.2　产业集群的空间布局态势 …………………………… 173

7.3　辽宁产业集群的投入产出分析 ……………………… 174

7.4　辽宁产业集聚与城市发展趋势 ……………………… 180

第 8 章

协同发展空间与城市   **189**

8.1　协同理论与思想延伸 ……………………………… 189

8.2　边境城镇协同发展战略机遇 ………………………… 193

8.3　辽东边境城镇发展现状与特征 ……………………… 195

8.4　边境民族地区城镇协同发展趋势 …………………… 200

参考文献 …………………………………………………… **204**

第 1 章
经济空间与城市发展理论

    空间是一种战略，是一种思维，也是一种胸怀。所有学科与空间组合可以衍生诸多交叉学科和跨学科，这种学科空间在有些领域已经形成了客观实体，在有些领域还仅仅是一个概念。有了学科空间就会产生各种结构、组合以及相互关系，也就会形成更多的点—线—面模式与格局。

    20 世纪 90 年代以来，国际关系与世界政治格局经历了激烈变化，大国之间关系错综复杂，地区之间的矛盾冲突不断。地缘政治学成为从大的宏观背景观察、探讨世界政治格局及各国或国家集团之间相互关系演变规律的一门学科，并影响着世界各国（地区）社会经济的发展。[①] 21 世纪伊始，随着世界经济一体化和区域集团化进程加快，以经济空间和战略空间思维取代政治关系与军事对抗的态势不断发展，在国际关系中，地缘政治逐渐让位于经济，经济空间的竞争成为大国角逐和国家战

[①] 陈才：《地缘关系与世界经济地理学科建设》，载于《世界地理研究》2001 年第 10 卷第 3 期，第 1~7 页。

略安全防范的重要命题。

1.1 经济空间理论

经济空间是人类的经济活动在一定地域上的空间组合关系，是区域经济的中心、外围、网络诸关系的总和。它不仅包括与地理范围相关的经济变量，还包括经济现象的地域结构关系。集聚和扩散是经济空间内两种基本运动形式，只要经济运动形式在现实空间开始，就会出现"集聚—扩散—再集聚—再扩散"的循环往复过程。对于经济要素在不同经济区位的集聚与扩散，学者们建构了诸多经典理论，主要包括增长极理论、中心外围理论、点—轴理论等。

1.1.1 增长极理论

1. 理论起源与发展

1950 年，法国经济学家佛朗索瓦·佩鲁（F. Perroux）首次提出"发展极"概念，主要针对现实的经济要素对经济增长作用的不平衡性。并在《略论"增长极"的概念》书中提出增长极理论（growth pole）："增长并非同时出现在所有地方，它可以不同强度首先出现于一些增长点或增长极上，然后通过不同的渠道向外扩散"。佩鲁认为，世界经济空间的不平衡发展是一种常态，实现一国经济发展的完全平衡只是一种理想状态，而世界经济增长应通过区域增长极的优先增长，并通过极化效应和扩散效应来促进和带动腹地经济或其他经济单元的增长，最终实现整个区域经济增长。

继佩鲁之后，法国经济学家布代维尔将"增长中心"这一地理空间引入增长极，他以区域经济规划为出发点，将佩鲁的抽象经济空间转换成地理空间，认为经济空间是经济变量在地理空间的运用。由于外部经济和集聚效应，形成增长极的工业在地理空间上集中。经过这种转换，增长极概念便同城镇体系联系起来，增长极的层次性对应于城镇体系的等级性，使增长极理论成为具有可操作性的区域模式。

瑞典经济学家谬尔达尔把增长极目标指向城市地理单元，提出"地理上的二元经济结构理论"，认为经济发展并非在地域空间上同时产生和均匀扩散，而是从一些条件较好的地区开始，一旦这些地区由于初始优势而比其他地区超前发展，这些区域就能通过累积因果过程不断积累有利因素，从而进一步强化和加剧区域不平衡性。这就解释了增长极是通过功能极化和地域极化的双重作用对其他落后地区产生影响。

2. 理论核心思想

在经济要素之间相互作用的空间里，具有创新功能的推进型单元（企业或产业）通过诱导机制对其他经济单元产生关联作用形成支配效应，带动周围腹地经济增长，使影响全域经济增长的相关产业在经济空间内聚集。在区域经济发展中，增长极表现为两种类型，一种是以较快速度优先发展的具有创新功能的推进型单元（企业、产业或部门），另一种是推进型产业集聚的城市或地域空间。

3. 理论分析方法

第一，利益分析。增长极理论中增长的根本驱动力是实现区域内各个经济主体的利益。其中，个人或家庭主要是为了获得更多的可供选择的就业机会、更高的收入、更好的生活环境和更现代化的文明；企业则是为了利用优质劳动力和高效的信息，获得企业之间的协作配合，降低内部成本，获得更好的发展空间；政府是为了更好配置区域增长极的各种经济社会资源，推动区域增长极的形成和发展。因此，区域增长极的发展需要个人、企业和政府等利益主体共同作用。

第二，效应分析。在一定地域空间内，增长极对周边腹地经济的增长效应包括极化效应和扩散效应。区域的主导产业或者有创新能力的企业构成经济要素的极化，依托人口、资本、生产、技术和贸易等生产要素的高度集聚构成地理上的极化，随着增长极自身的增长实现内部规模经济和外部规模经济。"极"的增长扩大到一定规模后，受集聚不经济和市场力作用，推进型产业的关联效应对周边腹地产生投资的乘数效应，从而推动整个区域经济发展。区域增长极形成初期，城市是区域商品和要素集聚和扩散的中心，随着产业结构升级和工业化的发展，产业集群是城市发展的核心动力，之后工业化的持续发展使区域增长极由单一化向多元化方向发展。

第三，成本与收益分析。增长极的内部收益是指区域推进型产业的规模化生产、创新能力、产业关联、波及范围等诱因促进集聚经济形成，大量利益主体通过专业化的分工与协作，形成互相依赖的经济网络关系，实现行业内企业数量增加和产业多样化发展，从而节约企业成本。增长极的外部收益是"极"的发展使资金、人才、技术和信息向周边腹地辐射扩散，带动区域经济快速发展。动态分析表明，降低增长极增长的总成本，不仅需要市场力量，还需要进行创新或依赖政府力量干预与补偿。

第四，公平与效率分析。区域增长极发展的两大目标是效率与公平。提高区域增长的总体效率是区域经济发展的必然选择，而增长极的不公平性是经济发展中的客观必然。区域优先发展战略就是实现区域增长极的综合效应最大化，即在追求公平性前提下尽可能促进区域增长极的效率最优化，在追求高效率时要保持区域增长极的公平性和区域经济发展的协调性。

1.1.2　中心—外围理论

20 世纪 60 年代和 70 年代，发展经济学家在研究发达国家与不发达国家之间的不平等经济关系时所形成的相关理论观点总称为"中心—外围理论"。主要有赫希曼的"核心—边缘理论"和弗里德曼的"中心—边缘理论"等。

赫希曼认为，随着"极"的累积性集聚增长，劳动力和资本不断从外围区流入核心区，加强核心区发展。但这种累积性集聚不会无限地进行下去，因为集聚到一定程度，增长中的"极"会产生集聚不经济，从而促进工业的分散。于是增长极会通过经济活动的"前向和后向联系效应"带动外围地区的经济发展。

弗里德曼（Friedman）从国家角度提出"中心—边缘理论"，认为经济要素在空间上的从一个地区扩散，在另一个地区集聚，就导致了经济发展中心及其外围地区的形成。经济要素集聚—扩散的强度和方向随时间不断变化，从而导致经济中心—外围地区的边界不断变化。随着经济持续增长，空间经济子系统不断变化它们的边界并重构，最终达到国家经济空间完全一体化。该理论把城市空间演进分为前工业化阶段、中心—外围阶段（工业化初期阶段）、中心—外围阶段（工业化成熟阶段）、空间一体化阶段（后工业化阶段），认为经济活动的空间组织中，通常具有强烈的极化效应与扩散效应，中心区和边缘区相互依存是通过中心区自身经济的不断强化，形成对边缘区的支配态势（见表1-1）。整个空间经济受核心城市支配，资本、知识、信息等各种要素大量流入核心地域，其他边缘地区则相对停滞或走向衰退。

表1-1　　　　　　　中心—外围理论的经济发展阶段特征

表现特征	前工业化阶段	工业化初期阶段	工业化成熟阶段	空间经济一体化阶段
要素变化	较少流动	外围区域资源要素大量流入中心区	中心区要素高度集中，开始回流到外围区	资源要素在整个区域内全方位流动
区域变化	已存在若干不同等级的中心，但彼此之间缺乏联系	中心区进入极化过程，少数主导地带迅速膨胀	中心区开始对外扩散，外围区出现较小中心	多核心形成，少量大城市失去原有的主导地位，城市体系形成

1.1.3　点—轴系统理论

点—轴系统理论最早由波兰经济学家萨伦巴和马利士提出，是从增长极模式发展起来的一种区域开发模式。由于增长极数量增多，增长极之间出现相互连接的交通线，两个增长极及其中间的交通线就具有了高于增长极的功能，理论上称为"发展轴"。

中国区域规划专家陆大道在此基础上提出了"点—轴渐进式扩散理论"（1984年）。在国家和区域发展过程中，大部分社会经济要素在"点"（居民点和中心城市）上集聚，并由线状基础设施联系在一起而形成"轴"（由交通、通信干线和能源、水道通道连接的"基础设施束"），轴线上集中的社会经济设施通过产品、信息、技术、人员、财政等对附近区域有扩散作用，最终导致区域空间结构均衡化。

点—轴系统理论的影响主要表现在三个方面：第一，确定若干具有发展条件的大区间、省区间及地市间线状基础设施轴线，对轴线地带若干点给予重点发展，对轴线上和轴线直接吸引范围内的资源予以优先开发。第二，随着经济实力的不断增强，经济开发放在较低级别的发展轴上，确立新的发展中心。第三，在离中心城市的适宜距离选择较好条件的点作为次级发展中心，以此类推。

1.2 城市及其空间概念

1.2.1 城市

城市是社会发展到一定阶段的产物，是人类聚居的高级形式，是人类文明走向成熟的标志，也是经济空间的一个客观实体。"城市"包含两方面含义："城"为行政地域的概念，即人口的集聚地；"市"为商业概念，即商品交换的场所。

人类最早的城市（亦可称"城镇"）出现与三次社会大分工有着密不可分的关系。新石器时代中期，随着生产的发展，农业与畜牧业分离，形成人类社会第一次大分工，出现了从事农耕生产的人类固定居民点——聚落，聚落为城市的出现奠定了基础。伴随生产力的进一步发展，农业生产技术和工具的进步，在农业生产较好的地方，部分农产品有了剩余，出现了专门的手工业者，形成第二次社会大分工，即商业、手工艺与农业分离，一些从事加工工业的人在交通方便且利于交换的地点集聚，进行手工业产品与农牧产品交换，这种集聚是城市最初的雏形。人类进入奴隶社会后，出现了专门从事交换的商人，形成了第三次社会大分工。由于阶级的出现和部落之间的战争，人类以军事、政治、宗教等为目的在集聚点周围筑城，世界上最早的城市便出现了。[①]

　　自古以来城市的区位选择与防卫、交通和自然环境密不可分。随着生产的发展、分工的演进，城市由最初的消费性质逐步向生产性质转变，城市规模和功能随之发生变化。拉采尔在《人类地理学》中指出："城市是人类及其居住地永续的密集地区，而且位于主要交通道路的中心。"现代城镇已发展成为由工业生产、行政管理、科技文教、交通运输、仓库储运、市政设施、园林绿化、居住生活等多种体系构成的复杂综合体。

1. 西方城市发展变化

　　西方城市发展起源于希腊。希腊城市是与城邦制度相联系的，每一个城邦都是一个以城市为中心的国家组织。罗马时代，罗马是当时西方最大城市，城市内部修有给排水系统，在广场周围建有庙宇、市场、市政厅、斗兽场、剧场、公共浴室、图书馆、学校等，并把城市带扩大到欧洲广大地区，使巴黎和伦敦成为罗马驻军的营塞城。文艺复兴开始后，欧洲的首都建筑

---

① 王恩涌等：《人文地理学》，高等教育出版社 2000 年版。

和建设更体现君主权威，如豪华的王宫、开阔的广场、宏伟的公共建筑、整齐的林荫大道，加上花园、剧场、博物馆、商业中心以及雕塑、喷泉、草坪，使城市面貌发生了巨大的变化。随着工业的发展和铁路的出现，城市人口迅速增长，城市出现了住房困难、交通拥堵、环境污染等一系列问题，从而迫使一些居民向郊区转移，寻求更舒适的居住环境。

随着世界经济重心的转移，在城市数量增加与空间集聚的一些地区出现了连成一片的城市带或城市群。工业革命之后，英国大伦敦地区、法国大巴黎地区、法国莱茵—鲁尔地区、荷兰和比利时中部地区先后形成了规模大小不等的城市群。进入20世纪，在美国形成东北部的大西洋沿岸城市带和西南部的太平洋沿岸城市带；在日本形成东海道城市群。

2. 中国城市发展变化

春秋战国时期，城市大都具有防御功能，通常建有坚固的城墙和庞大的城池，城中的商业十分发达。秦统一后，中国古代各朝的都城均是区域范围最发达的城市，城市内部基础设施和城市功能相当完备。元、明、清三朝，全国最大的北京城代表了中国封建礼制下的经典城市，城分为内城和外城，内城大体呈方形，内有皇城，皇城内有紫禁城。城内建筑以宫城为中心，沿中轴对称，前朝后市，左祖右社，分列宫城四周；宫城后有钟楼和鼓楼；内城四周又分为日坛、月坛、天坛和地坛。城内街道呈棋盘式，民居沿胡同排列，一般以四合院为基本格局。明、清两代，随着商品经济和手工业的发展，南方出现了专业化的商业城镇，如景德镇、佛山镇、夏口镇、朱仙镇等，城市也呈现了沿河（扬州等）、沿长江（南京等）、沿海（如宁波）集中分布的明显特征。

鸦片战争之后，帝国主义入侵中国，导致城市发展出现了新的变化。首先，不平等条约迫使中国开放了许多沿海、沿江与沿边城市，如上海、青岛、大连等。其次，城市沿铁路沿线发展，如郑州、石家庄、徐州等。再次，城市依工矿业而发展，如工业城市天津、沈阳等；矿业城市唐山、鞍山、抚顺、本溪等。

新中国成立后，中国城市发展经历三个阶段。第一阶段（1949 年新中国成立～1960 年），城市和建制镇从 1951 年的 157 个和 1896 个增加到 1960 年的 197 个城市和 1961 年的 4429 个城镇，城镇化水平由 1949 年的 10.6% 上升到 1960 年的 19.7%。第二阶段（1961～1977 年），由于经济困难和"文化大革命"影响，城市数目从 1961 年的 206 个下降到 1977 年的 191 个，建制镇从 1961 年的 4429 个下降到 1973 年的 2914 个，城镇化水平由 19.3% 下降到 17.6%。第三阶段（1978 年至今），随着经济高速发展和城市化进程加快，城市数由 1978 年的 194 个增加到现在的 666 个，城镇化水平由 17.6% 上升到 57.35%，从 2011 年开始城镇人口超过了农村人口。

1.2.2　城市空间

1. 城市空间结构

城市空间是城市人口、产业经济和基础设施等相对集中布局而形成的建成区地域空间，强调的是一种非行政区概念的地理空间，也是城市各种社会生产、生活活动的场所空间和城市景观的地域载体。城市空间是自然、经济、社会、文化形成的综合体。

城市空间的尺度通常包括三种：一是城市内部空间，以主城区为主包括城市的各功能区，是城市空间中最基本的实体空间，最能反映城市空间结构演化的规律及趋势；二是城市外部空间，包括城市的郊区卫星城、专业镇、各类飞地及其周围的广大乡村腹地，是城市内部空间增长及向外扩展的发生地区；三是城市群体空间，在区域层面反映了城市所处的区位及与其他城市间的相互影响关系。

城市空间结构，指一定地域范围内各个城镇在空间上的分布、联系及其组合状态，通常由城镇、基础设施或通信等轴线、放射状或轴带形的网络形态、城镇腹地等基本要素组成。

2. 城市空间形态

城市空间形态是城镇构成要素在空间上的结合形式，反映了构成城镇空间要素之间的联系及变化，是城市空间特征的一种表达方式。城市形态从产业时期的单中心城市，向后工业时代和信息时代的多中心城市和连绵城市区域演变。城市土地利用空间的扩展也呈轴向增长、同心圆式增长、扇形扩展及多核增长等多种形态。

1.2.3　城市空间类型

1. 城镇体系

城镇体系是指在一定地域范围内若干个规模不等、职能各异的城镇组成的相互依存和密切联系的城镇集合。城镇体系是在一定历史条件下，由区域内外的自然条件、自然资源和社会经济条件综合作用形成的。合理的城镇体系是由"特大城市—大城市—中等城市—小城市—城镇"组成的层次分明、规模适度、功能完善、相互联系的综合体。城镇体系特征（见表1-2）如下：

表1-2　　　　　　　城镇体系及表现特征

城镇体系	内涵与特征
城镇 Town	以农产品贸易为主要经济功能的小型人口集聚地
城市 City	人口规模和密度达到一定标准的非农产业集聚区
大城市 Metropolis	包含城市和一定郊区的城市地域
大都市区 Metropolitan area	包含大城市及卫星城或新城和郊区农村的城市单体地域
城市群/都市圈 Megalopolis	空间毗邻的大都市区聚合而形成的城市化地域

2. 城市区域

城市区域是指在经济发达、地理邻近的城市密集空间，经济和内部功能紧密相连的城市地域单元。城市区域反映了城市及其所在地区空间组织形式，是城市在空间分布的集聚程度和城市间的密切关系。

城市区域（city region）的概念最早追溯到1915年，英国生态和规划学家格迪斯研究英国伴随工业化城市快速扩张的现象，在《进化中的城市》（Cities in Evolution）一书中将工业城市快速扩张导致诸多功能及其影响范围超越边界而与邻近城市交叉重叠的地区成为"城市区域"。随着全球化和区域化的发展，城市区域概念先后发展为"城市功能经济区"、"全球城市区域"（global city regions），使城市区域的概念范围涵盖更为宽泛，并由发达国家扩展到发展中国家"正在崛起的世界城市"。国内关注城市区域化始于2000年，以吴良镛先生的"城市地区"（city regions）最早在区域规划中加以运用。从地理范围上看，城市区域比单核心的"都市区"要大，可以由若干都市区组成；从功能联系上看，城市区域强调区域一体化的动态发展趋势。

3. 城市群

城市群，又称"大都市连绵带"或"都市圈"，由法国学者戈德曼首先提出，高度稠密的城镇基础设施和高效率的网络流通体系，使城市沿主要交通干道不断延伸，即城市会沿着发达的城市交通干道不断演化成为一个巨大的社会经济综合体。由于城市群所处的地域范围广大、要素构成复杂、区域功能显著，不同学科研究视角各有侧重。地理学认为，城市群是由一个或数个中心城市和一定数量的城镇结点、交通道路及网络、经济腹地组成的地域单元。城市规划认为，城市群是指一定地域内城市分布较为密集的地区，是政府通过行政的、经济的和法律的手段实现资源要素的空间配置。区域经济学认为，城市群是指城市群体内经济活动的空间组织与资源要素的空间配置，突出城市之间、城市与区域之间的集聚与扩散机制以及社会经济的一体化发展。

城市之间的空间聚合，决定着城市空间的发展方向，也影响着城市群的形成与发展。受城市空间分布特性、社会经济发展水平及交通空间可达性的影响，形成了不同空间特征和不同经济特征的典型形态城镇群，被称为都市圈、城市带和都市连绵区（带）。

都市圈（城市圈），是以 1 个或 2~3 个中心城市为核心、与周边城镇连同这些城镇覆盖的空间地域形成密切社会经济联系，呈圈层状布局的空间组织形式。城市带是由一组规模较大、地域相邻、彼此关联的城市沿交通干线分布而形成的带状城市群，它是以交通干线为轴线、以城市为节点，形成一个有机联系的城市群体，在空间上呈带形扩展。经济活动的空间集聚与空间扩散也主要沿交通干线展开,形成产业带。都市连绵区是以若干个数十万以至百万人口以上的大城市为中心,大小城镇连续分布,形成城市化最发达的地区,空间形态上可能包括了若干都市圈、城市带的城市群。当前,世界上著名的五大城市群是:美国东北部大西洋沿岸城市群、日本太平洋沿岸城市群、欧洲西北部城市群、英国以伦敦为核心的城市群和北美五大湖城市群,它们为城市空间的发展提供了丰富的经验和珍贵的借鉴。

1.3   城市空间优化理论

区位论是关于人类经济活动空间组织优化的理论,其研究分为三个阶段:以杜能的"农业区位论"和韦伯的"工业区位论"为代表的古典区位论阶段;以克里斯塔勒的"中心地理论"和廖什的"区位经济理论"为代表的近代区位论阶段;以空间结构理论、行为学派、成本市场学派、社会学派、历史学派和计量学派等共同组成的现代区位学派使区位论研究走向高潮。区位论研究从古典区位论所追求的"成本最低"向近代区位论的"市场最优"以及现代区位论的"利润最优、服务最优乃至整体最优"转化。

1.3.1   农业区位论

农业区位论是 19 世纪初德国经济学者杜能(J. H. von Tunen)根据资本主义农业与市场的关系,探索因地价不同而引起的农业分带现象。1826 年出版的《孤立国同农业和国民经济的关系》（以下简称《孤立国》），建立了"杜能环"，即以城市为中心，由内向外呈同心圆状分布六个农业带：自由农业带、林业带、轮作带、谷草带、三圃带、畜牧带。杜能以农业用地纯利益与城市距离增大而衰减的理想模式，解释城市周围不同农业部门呈环状分布的现象。

1.3.2　工业区位论

1909 年，德国经济学者韦伯的《工业区位论》一书，对德国鲁尔工业区的大量的调查分析为基础，以成本和运输费用为内涵建立了工业区位论，提出区位因子体系，确定了工业生产的最佳区位及相应的工业布局，系统地探讨了工业区位选择的规律。

韦伯认为，企业生产应尽可能地使生产成本最小化，而能使生产成本最低的地点，就是企业生产区位的最佳选择地点。影响工业区位选择的主要因子是原料和燃料、工资、集聚三项。区位选择应遵循以下规律：第一步，工业区位应考虑选择在总运费（包括原料运费及产品运费）最低的地点；第二步，考虑工资成本的影响，由于运费最低地点不一定是工资成本最低地点，如果厂址从运费最低地点转移到工资成本最低地点时运费的增加量小于工资成本的节省量，则工业区位应放弃运费最低点而选在工资成本最低地点；第三步，考虑工业集聚的作用，一般来说，若干个工厂集中于某一地点能给各个工厂带来成本的节约和利益的增加。如果工业集聚的效应十分明显，集聚作用十分强大，那么它可以使工业区位放弃由运费及工资定向的地点而转移到集聚经济效应最明显的地点。韦伯理论揭示了工业经济布局的一般规律，至今仍对一定区域内工业企业的布局起着重要的指导作用。

1.3.3　中心地理论

中心地理论是关于三角形经济中心（市场、聚落、城市）和正六边形市场区（销售区、商业服务区）的企业、事业分布的区位理论。由德国城市地理学家克里斯塔勒和德国经济学家廖什分别于1933年和1940年提出，开辟了人文地理数量运动的先河，被认为是20世纪人文地理学最重要的贡献之一，它是研究城市群和城市化的基础理论之一，也是西方马克思主义地理学的建立基础之一。

克里斯塔勒中心地理论的核心思想：第一，中心地的等级越高，其所提供的商品和服务的种类就越齐全，而低等级中心地仅限于供应居民日常生活所需的少数商品和服务（点）。第二，两个相邻同级中心地之间的距离是相等的，中心地的等级越低，其间的距离就越短，间距 S 与中心地等级 n 之间的关系是：$S = (\sqrt{3})^n \cdot a$（线）。第三，各等级中心地及其市场区在一个完整的网络系统中，形成大小不同的层层六边形网络（网）。第四，不同等级中心地的市场区之间应按 $K = 3$、4、7 的原则，保持严格的比例关系。

廖什理论的区位经济理论核心思想：第一，单一市场区以正六边形的形状环绕每一生产中心或消费中心；第二，每一类商品都可以找出这些市场区的网络组织；第三，这些网络组织的配置出现了一定的体系（即"经济景观"）。

　　克氏理论和廖氏理论都是关于三角形经济中心和六边形市场区的网络体系，但其最大区别是由于两者的形成机制不同：克氏遵循"利润最大化"的原则，采取自上而下的顺序建立其中心地体系，而廖氏则遵循"超额利润最小化"的原则，采取自下而上的顺序建立其中心地体系。

1.3.4　现代区位论

　　空间结构优化理论提出了影响区位选择和空间结构的四个主要因素：聚集、运输、土地使用和竞争。运输及运输支出的目的是克服空间距离，同时又与聚集相抗衡；当一个点聚集规模越大，它所影响的范围和吸引的腹地也愈大，导致一定生产量和消费量前提下的总运费增加，结果会限制进一步的聚集。经济活动对土地最佳利用效果的追求使土地利用呈现出有规则的空间布局与变化，对产品销售市场区的垄断与竞争的结果又影响到生产者与消费者的规模关系与位置关系。这四要素的分析方法，较完整地体现了城市空间结构及其发展变化。

　　行为学派在空间结构优化理论基础上提出信息对区位选择的影响，从技术经济角度解释了区位偏离现象，使区位研究更趋于全面和成熟。成本市场学派提出最大利润原则是确定区位的基本条件。社会学派提出政府政策制定、国防和军事原则、人口迁移、市场因素、居民储蓄能力等因素在不同程度影响区位配置。历史学派提出区域经济发展是以一定时期生产力发展水平为基础，具有明显的时空结构特征。计量学派把计算机和遥感数据分析等现代技术运用到区位研究上，从而使区位研究扩展到城市整体分析方面。

1.4　城市化

城市化又称城镇化，是指伴随着现代工业和信息社会、经济社会分工的细化而产生人口向城市集中的过程。《中华人民共和国国家标准城市规划术语》规定，城市化是人类生产与生活方式由农村型向城市型转化的历史过程，主要表现为农村人口转化为城市人口以及城市不断发展完善的过程。

1.4.1　传统城市化与新型城镇化

1. 传统城镇化

传统城镇化是以政府为主导，以工业化为推动力，实现农村人口向城镇转移、产业向第二产业转变、社会文明向现代转化的过程。其目标主要包括：第一，人口的城镇化，即农村人口向城镇转移、农民向市民转变；第二，产业的现代化，即由以第一产业为主向第二产业为主转变；第三，社会的文明化，包括生产方式、生活方式、文化理念的更新等；第四，城镇规模及数量的扩大化。

2. 新型城镇化

新型城镇化是以科学发展观为统领，以新型工业化和信息化为动力，以资源节约、环境友好、经济高效、文化繁荣、社会和谐、城乡统筹为目标，构建大中小城市和小城镇协调发展的城市空间体系。其目标包括：第一，以城乡统筹为主线，促进城乡一体化；第二，突出以人为本，缩小城乡差别；第三，以全面协调为标准，推动人口、经济、社会、资源、环境等的协调发展；第四，以可持续发展为目标，提高城镇集约高效程度；第五，因地因时制宜，探索各具特色的城镇化发展模式。

3. 两种城市化的比较

新型城镇化是对传统城镇化的摒弃，其吸收了传统城镇化的精髓，充分发挥政府的宏观调控和引导等作用，关注城市发展的经济动力基础；同时摒弃了传统城镇化中区域间的非均衡发展因素。其主要差别表现为：

第一，时代背景不同。传统城镇化产生于传统经济体制下，而新型城镇化是以经济的双重转型为背景。第二，侧重点不同。传统城镇化侧重于人口的城镇化和城镇规模及数量的扩大，从而造成城镇人口规模大量增长、城镇空间无序膨胀、资源大量消耗、城镇环境显著恶化；而新型城镇化更关注城镇质量的优化，致力于经济社会之间、城乡之间的协调发展、资源环境与人口之间的协调发展。第三，主体不同。传统城镇化的主体是各级政府，而新型城镇化的主体是多元的，主要包括政府、企业、居民等。第四，方式不同。传统城镇化是采取以"自上而下"的方式为主、以"自下而上"的方式为辅；而新型城镇化则是以"自下而上"的方式为主、以"自上而下"的方式为辅。第五，动力机制不同。传统城镇化的根本动力主要来自于工业化，以粗放型工业化推动城市发展；而新型城镇化的动力主要是来自城市服务业的发展、新型产业的创新以及信息化。

1.4.2　城镇化发展阶段理论

1. 城市化发展三阶段论

英国学者 L. 范登堡在《欧洲城市兴衰研究》一书中，以经济结构变化的三阶段为依据，即从以农业为主过渡到工业社会，由工业经济过渡到第三产业经济，第三产业部门继续发展进入成熟阶段，把自英国工业革命至今的世界城市化划分为三个阶段：第一阶段典型城市化、第二阶段城市郊区化、第三阶段逆城市化与内域的分散。

2. 差异城市化理论

1993 年由盖伊尔（H. S. Geyer）和康图利（T. M. Kontuly）提出，以解释世界上所有地区人口变化的演化模式。"差异城市化理论"分城市为大、中、小三种类型，认为大、中、小城市的净迁移的大小随时间而变化，进而将城市发展分成三个阶段：第一个阶段是大城市阶段（城市化阶段），此阶段大城市的净迁移量最大；第二个阶段是过渡阶段（极化逆转阶段），中等城市由迁移引起的人口增长率超过了大城市由迁移引起的人口增长率；第三个阶段是逆城市化阶段，小城市的迁移增长又超过了中等城市的迁移增长。

3. 城市发展阶段理论

"城市发展阶段"模型 1971 年由霍尔（P. Hall）提出，经克拉森等人修改而趋于完善。认为一个城市从"年青的"增长阶段发展到"年老的"稳定或衰落阶段，然后再进入到一个新的发展周期。

城市化是社会发展的必然趋势，是衡量国家和地区社会经济发展水平的重要标志，其内涵随着历史的发展而不断丰富。自城市出现以来，城市化的速度也在不断加快。欧洲在一千年的时间里实现了城市化。20 世纪，随着城市的发展壮大，人们对城市化的理解主要体现为三方面：城市人口增加、城市数量增加并规模扩大、城市经济关系和生产方式普及和扩大。21 世纪，中国城镇化作为人类进程的关键因素为世界瞩目，以科学发展观统领的新型城镇化是经济空间发展的抓手，是促进城市和农村深度融合的战略平台。

第 2 章
中国边境空间与城市

中国陆地边境线绵延 2.28 万公里，自辽宁丹东的鸭绿江口向东、向北、再向西至西南的广西防城港的北仑河口，分别与朝鲜、俄罗斯、蒙古、哈萨克斯坦、吉尔吉斯斯坦、塔吉克斯坦、阿富汗、巴基斯坦、印度、尼泊尔、不丹、缅甸、老挝、越南等 14 个国家接壤。边境地区涵盖 9 个省（自治区）的 212 万平方公里的国土面积，边境总人口达 2354 万①，少数民族人口占比 48%。

2.1　边境地区空间开发战略

2.1.1　"一带一路"倡议

2013 年 9 月和 10 月，中国国家主席习近平在出访中亚和东

---

① 数据源自：2016 年 1 月国家发改委、商务部有关负责人就《国务院关于支持沿边重点地区开发开放若干政策措施的意见》答记者问。

南亚国家期间，先后提出共建"丝绸之路经济带"和"21 世纪海上丝绸之路"（简称"一带一路"）的重大倡议。2014 年 3 月 28 日，国家发展改革委、外交部、商务部联合发布了《推动共建丝绸之路经济带和 21 世纪海上丝绸之路的愿景与行动》（以下简称"愿景与行动"），得到国际社会高度关注。"一带一路"倡议对促进经济发展方式转变和产业结构转型、拓展中国经济发展空间等方面具有重要意义。

1. "一带一路"塑造全方位开放的新格局

"一带一路"作为国家发展战略，具有明显的区域影响。随着"一带一路"倡议的不断推进和"愿景与行动"的实施，内陆沿边地区逐渐成为国土开发的重要空间。"一带一路"更加重视国内与国际的合作发展，将成为连接中国东部、中部、西部地区和南亚、中亚、西亚、欧洲的中间地带。借助"一带一路"平台，扩大向西开放，将促进西部地区外向型经济的发展，有助于促进边境地区和西部地区形成新的增长极。加快西部和边境地区的人口集聚，促进西部地区和边境地区的城镇化发展，特别是具有广泛对外联系的区域性中心城市和边境口岸中心城市的发展。"一带一路"倡议是中国今后相当长一段时间全面对外开放的国家战略，它将使中国的国土空间开发更加重视向外的互联互通，在已有沿海、沿江（长江）开放的基础上，在南部、北部、西部 3 个方向打通国际通道。

2. "一带一路"空间走向

《愿景与行动》明确指出"一带一路"走向，陆上依托国际大通道，共同打造新亚欧大陆桥、中蒙俄、中国—中亚—西亚、中国—中南半岛等国际经济合作走廊；海上以重点港口为节点，共同建设通畅安全高效的运输大通道（国家发展改革委员会等，2015）。中巴、孟中印缅两个经济走廊与推进"一带一路"建设关联紧密，要进一步推动合作，取得更大进展。

新亚欧大陆桥建设将促进"一带一路"沿线东中西部地区的联动发展和主要节点城市的发展；中国—中亚—西亚经济合作走廊能够极大地带动西北地区，将改变中国西北地区长期以来在对外开放中区位劣势，加快中国西北地区尤其是新疆维吾尔自治区的发展；中蒙俄经济走廊将俄罗斯倡导的欧亚经济联盟、蒙古国倡议的草原丝绸之路进行对接，通过"中蒙俄经济走廊"的建设将三方的基础设施建设实现互联互通，带动内蒙古自治区沿边地区的发展，为东北再振兴注入新的动力；中国—中南半岛国际经济合作走廊及孟中印缅经济走廊的建设，将推动整个西南地区的发展。

3. "一带一路"重点内容

投资贸易合作是"一带一路"建设的重点内容。从硬件上看，贸易畅通需要改善边境口岸通关的设施条件，加快边境口岸"单一窗口"建设，降低通关成本，提升通关能力，使边境地区的基础设施条件得到改善，贸易额不断增加。从软件条件看，跨境经济合作区等各类产业园区的建设，有助于促进边境地区产业集群的发展。随着"一带一路"倡议的不断推进，中国对外投资大幅度增长，周边国家可能成为重要的投资区域，沿边地区将出现新的经济发展中心。

"一带一路"倡议将加快内陆沿边地区主要口岸和沿边城市的发展，形成沿边地区国土开发新空间，带动沿边地区的发展。

东兴是中国—东盟的重要连接点,是通往东南亚国际通道的重要枢纽;瑞丽是西南开放的重要国际陆港,是中国—中南半岛国际经济走廊的重要支点;满洲里是欧亚陆路大通道重要的综合性枢纽,二连浩特则在中蒙俄经济走廊建设中具有不可替代的地位。随着"一带一路"倡议的实施,东兴、瑞丽、满洲里、二连浩特等国家重点开发开放试验区将成为中国沿边地区发展的中心城市。同时,"一带一路"倡议将有利于加快霍尔果斯、阿拉山口、红其拉甫、磨憨、绥芬河等口岸的基础设施建设;在霍尔果斯跨境经济合作区成功运行的同时,有助于黑河、二连浩特等新的跨境经济合作区的形成,成为边境地区新的经济增长极,推动边境地区整体发展水平的提高。

2.1.2 "兴边富民行动"战略

1."兴边富民行动"发展阶段

"兴边富民行动"是由国家民委联合国家发展改革委、财政部等部门于 1999 年倡议发起的以"富民、兴边、强国、睦邻"为宗旨的一项边境建设工程,其着眼点是加快县域经济建设,加大对边境地区的投入和对广大边民的帮扶,使边境地区尽快发展起来。

2000 年 6 月 11 日,首届"全国兴边富民行动现场会"在辽宁丹东召开,国家民委与财政部共同在 9 个边疆省区确定了 9 个试点县(旗)。其指导思想是,抓住西部大开发的重大机遇,以政府扶持为主,广泛动员全社会参与,紧紧依靠各族干部群众自力更生、艰苦奋斗,争取用 10 年左右的时间,使边境民族地区基础设施条件得到明显改善,人民群众生活有明显提高,经济和社会事业全面进步，进一步巩固和发展社会主义民族关系，维护祖国统一，实现边疆的长治久安和繁荣进步。主要工作内容包括三方面，一是切实把基础设施建设搞上去；二是着力培育县域经济增长机制和增强自我发展能力；三是下大力气提高人民群众的生活水平。2001 年扩至 17 个试点县（新疆生产建设兵团另行确定 2 个）；2004 年兴边富民行动重点县扩至 37 个。

2007 年 6 月 9 日，《兴边富民行动"十一五"规划》明确主要任务为，加强基础设施和生态建设，改善生产生活条件；突出解决边民的贫困问题，拓宽增收渠道；大力发展边境贸易，促进区域经济合作；加快发展社会事业，提高人口素质；加强民族团结，维护边疆稳定。"兴边富民行动"重点县增至 60 个，占边境县总数的 45% 。这标志着"兴边富民行动"已从一个部门的行动，上升为国家决策。

2011 年 6 月 5 日，国务院办公厅印发《兴边富民行动规划（2011 ~ 2015 年）》指出，"十二五"时期是边境地区全面建设小康社会的关键时期，确立以各民族"共同团结奋斗，共同繁荣发展"为主题。实施主要任务包括：加强基础设施建设、着力改善和保障民生、促进民族团结和防边稳固、提升沿边开发开放水平、促进特色优秀产业发展等方面。

2016 年底，国家民委牵头编制《兴边富民行动规划（2016 ~ 2020 年）（征求意见稿）》进行专家论证，指出"十三五"时期是边境地区打赢脱贫攻坚战、如期全面建成小康的决胜阶段，实施兴边富民行动是加快边境地区小康社会进程和促进沿边开发开放的有效途径。

2. "兴边富民行动"实施空间

《兴边富民行动规划（2011 ~ 2015 年）》明确指出参与实施

的范围是，内蒙古、辽宁、吉林、黑龙江、广西、云南、西藏、甘肃、新疆等 9 个省、自治区的 136 个陆地边境县、旗、市、市辖区，新疆生产建设兵团的 58 个边境团场。

2.1.3　西部大开发战略

1. 西部大开发战略部署与规划

2000 年 1 月，国务院西部地区开发领导小组召开西部地区开发会议，研究加快西部地区发展的基本思路和战略任务，部署实施西部大开发的重点工作。2000 年 10 月，《中共中央关于制定国民经济和社会发展第十个五年计划的建议》把实施西部大开发、促进地区协调发展作为一项战略任务，强调："实施西部大开发战略、加快中西部地区发展，关系经济发展、民族团结、社会稳定，关系地区协调发展和最终实现共同富裕，是实现第三步战略目标的重大举措。"西部大开发总的战略目标是：经过几代人的艰苦奋斗，建成一个经济繁荣、社会进步、生活安定、民族团结、山川秀美、人民富裕的新西部。

2001 年 3 月，《中华人民共和国国民经济和社会发展第十个五年计划纲要》对实施西部大开发战略再次进行了具体部署。实施西部大开发，就是要依托亚欧大陆桥、长江水道、西南出海通道等交通干线，发挥中心城市作用，以线串点，以点带面，逐步形成中国西部有特色的西陇海兰新线、长江上游、南（宁）贵、成昆（明）等跨行政区域的经济带，带动其他地区发展，有步骤、有重点地推进西部大开发。

2006 年 12 月，国务院常务会议审议通过《西部大开发"十一五"规划》，目标是努力实现西部地区经济又好又快发展，人民生活水平持续稳定提高，基础设施和生态环境建设取得新突破，重点区域和重点产业的发展达到新水平，教育、卫生等基本公共服务均等化取得新成效，构建社会主义和谐社会迈出扎实步伐。

2012 年 2 月，国家发改委公布《西部大开发"十二五"规划》。确立了以经济保持又好又快发展、基础设施更加完善、生态环境持续改善、产业结构不断优化、公共服务能力显著增强、人民生活水平大幅提高、改革开放深入推进等为主要目标。将沿边开放作为一项重要内容，提出加快重点口岸、边境城市、边境（跨境）经济合作区和重点开发开放实验区建设，不断提升对内对外开放水平和质量，基本形成全方位开放新格局。

2017 年 1 月，国家发改委公布的《西部大开发"十三五"规划》指出，西部地区既是打赢脱贫攻坚战、全面建成小康社会的重点难点，又是推进东西双向开放、构建全方位对外开放新格局的前沿。

2. 西部大开发战略的空间格局

中国西部大开发战略实施的范围包括：重庆、四川、贵州、云南、西藏自治区、陕西、甘肃、青海、宁夏回族自治区、新疆维吾尔自治区、内蒙古自治区、广西壮族自治区等 12 个省、自治区、直辖市，面积为 687 万平方公里，占全国的 72%，涉及六个边境省区。2015 年，西部地区人口占全国的 27%，常住人口城市化率 48.7%，人均地区生产总值 3.92 万元。

"十三五"期间，西部地区构筑"五横两纵一环"的总体空间格局，即以路桥通道西段、京藏通道西段、长江—川藏通道西段、沪昆通道西段、珠江—西江通道西段为五条横轴；以包昆通道、呼（和浩特）南（宁）通道为两条纵轴；以沿边重点地区为一环。

2.2　边境地区对外开放平台

2.2.1　重点开发开放试验区

1. 启动与持续发展

2012 年 8 月，国家发展改革委在广西东兴召开"重点开发开放试验区建设工作会议"，全面启动重点开发开放试验区建设。建设重点开发开放试验区，是提高沿边开放水平，完善中国全方位对外开放格局的需要，是探索沿边开放新模式、促进形成与周边国家互利共赢共同发展新局面的需要，是深入实施西部大开发战略打造新的区域增长点的需要，是深入推进兴边富民、维护边疆稳定繁荣的需要。目前，国家先后在沿边地区设立了广西东兴、云南瑞丽、内蒙古满洲里、二连浩特和云南勐腊（磨憨）5 个重点开发开放试验区。

重点开发开放试验区建设的主要任务：一是发挥先行先试的优势，积极推进边境管理、财税金融管理、跨境合作、土地管理、行政及人才管理等体制机制创新，为加快发展提供有力保障。二是拓展国际交流合作，提高对外贸易水平，推进全方位、宽领域、多层次对外开放。三是把基础设施建设放在优先位置，加强国际综合运输通道、国际航运、国际物流体系、口岸设施、城市基础设施建设。四是充分利用两个市场、两种资源，加快特色优势产业发展，增强试验区自我发展能力。五是坚持统筹城乡发展，加快城镇化和新农村建设，深入推进兴边富民行动，保障和改善民生。六是加强生态建设和环境保护，加强资源集约节约利用，严格控制落后产能和低水平重复建设。

2015 年，《国务院关于支持沿边重点地区开发开放若干政策措施的意见》指出，沿边重点地区开发开放事关全国改革发展大局，对于推进"一带一路"建设和构筑繁荣稳定的祖国边疆意义重大，抓好发展和安全两件大事，不断提高沿边开发开放水平。

2. 战略定位与空间布局

东兴试验区（2012 年）建成深化中国与东盟战略合作的重要平台、沿边地区重要的经济增长极、通往东南亚国际通道重要枢纽和睦邻安邻富邻示范区。东兴试验区的空间布局是国际经贸区、港口物流区、国际商务区、临港工业区、生态农业区。

瑞丽试验区（2012 年）建成中缅边境经济贸易中心、西南开放重要国际陆港、国际文化交流窗口、沿边统筹城乡发展示范区和睦邻安邻富邻示范区。瑞丽试验区的空间布局是边境经济合作区、国际物流仓储区、国际商贸旅游服务区、进出口加工产业区、特色农业示范区、生态屏障区。

满洲里试验区（2012 年）建成沿边开发开放的排头兵、欧亚陆路大通道重要的综合性枢纽、沿边地区重要的经济增长极、边疆民族地区和谐进步的示范区。满洲里试验区的空间布局是国际商贸服务区、国际物流区、边境经济合作区、资源加工转化区、生态建设示范区。

二连浩特试验区（2014 年）建成向北开放国际通道的重要枢纽、深化中蒙战略合作的重要平台、沿边地区重要的经济增长极和睦邻安邻富邻示范区。二连浩特试验区的空间布局为国际商贸旅游服务区、国际物流仓储区、边境经济合作区、能源资源综合利用区、生态保护区。

云南勐腊（磨憨）试验区（2015 年）建成中老战略合作的重要平台、联通我国与中南半岛各国的综合性交通枢纽、沿边地区重要的经济增长极、生态文明建设的排头兵和睦邻安邻富邻的示范区。云南勐腊（磨憨）试验区的空间布局为水港经济功能区、进出口加工功能区、文化旅游功能区、特色农业功能区、生态屏障功能区。

2.2.2　沿边口岸与口岸城市

1. 沿边国家级口岸

沿边口岸也称边境口岸，是指位于边境地区与邻国对应城市直接由公路、铁路、河运航线以及航空线路相连接的通道体系，是设置在内陆边境城镇的国家对外开放、开展国际贸易和边境贸易的门户。随着我国对外开放格局的全面深入和进出口贸易的不断发展，一种具有涉外性、关联性、牵动性和层次性的口岸经济悄然兴起。以沿边口岸为基点的区域辐射和集聚作用日益增强，沿边口岸一方面通过口岸本身的经济活动（口岸综合管理、口岸查验系统、口岸运输系统和口岸特色服务等）完善口岸自身发展；另一方面通过来料加工、保税工厂、保税区等生产经营活动促进沿边口岸城市的发展。为此，我国沿边口岸经济大多是依托沿边口岸而形成的一种以外向型经济为主、跨地域、跨行业、多领域的复合经济，沿边口岸则成为沿边地区及城镇发展的核心和窗口。

2016 年，中国共有 96 个沿边一类口岸，其中公路口岸 61 个、铁路口岸 11 个、水运口岸 16 个、航空口岸 8 个（见表2－1）。中国沿边口岸与边界走向一致，呈带状分布，内陆沿边口岸所在县（市）与口岸所属地市（州）环抱了整个陆地边境。按沿边口岸城市腹地的地缘近域性划分，我国沿边口岸可以分为东北地区（包括辽宁、吉林、黑龙江和蒙东五盟市）、西北地区、西南地区（包括西藏、云南和广西）三个沿边大区。

表 2－1　　　　中国沿边地区一类口岸体系（2016）

省区		边境口岸所在市县	一类口岸			毗邻国家
			公路口岸（61 个）	铁路口岸（11 个）	水运口岸（16 个）	
东北地区	辽宁	丹东市	丹东	丹东	丹东	朝鲜
	吉林	集安市	集安	集安		朝鲜
		临江市	临江			朝鲜
		和龙市	南坪、古城里			朝鲜
		珲春市	珲春、圈河、沙坨子	珲春	大安港	俄罗斯、朝鲜
		龙井市	开山屯、三合			朝鲜
		图们市		图们		朝鲜、俄罗斯
		白山市	长白			朝鲜
	黑龙江	绥芬河市	东宁、绥芬河	绥芬河		俄罗斯
		鸡西市	密山、虎林		饶河	俄罗斯
		佳木斯			同江、抚远、富锦	俄罗斯
		鹤岗市			萝北、绥滨	俄罗斯
		伊春市			嘉荫	俄罗斯
		黑河市			黑河、逊克、孙吴	俄罗斯
		大兴安岭地区			漠河、呼玛	俄罗斯

续表

省区		边境口岸所在市县	一类口岸			毗邻国家
			公路口岸（61 个）	铁路口岸（11 个）	水运口岸（16 个）	
东北地区	内蒙古	呼伦贝尔市	黑山头、室韦		黑山头、室韦	俄罗斯
			满洲里	满洲里		俄罗斯、蒙古
			阿日哈沙特、额布都格			蒙古
		阿尔山市	阿尔山			蒙古
		东乌珠穆沁旗	珠恩嘎达布其			蒙古
		二连浩特市	二连浩特	二连浩特		蒙古
		乌拉特中旗	甘其毛都			蒙古
		额济纳旗	策克			蒙古
		达茂旗	满都拉			蒙古
西北地区	甘肃	肃北蒙古族自治县	马鬃山			蒙古
	新疆	哈密市	老爷庙			蒙古
		奇台县	乌拉斯台			蒙古
		阿勒泰地区	塔克什肯、红山嘴、阿黑土别克、吉木乃			哈萨克斯坦
		塔城市	巴克图			哈萨克斯坦
		博乐市		阿拉山口		哈萨克斯坦
		伊宁市	霍尔果斯、木扎尔特、都拉塔	霍尔果斯		哈萨克斯坦
		阿图什市	吐尔尕特、伊尔克什坦			吉尔吉斯斯坦
		塔什库尔干塔吉克自治县	红旗拉甫、卡拉苏			巴基斯坦、塔吉克斯坦

续表

省区		边境口岸所在市县	一类口岸			毗邻国家
			公路口岸 （61 个）	铁路口岸 （11 个）	水运口岸 （16 个）	
西南地区	西藏	普兰县	普兰			印度、 尼泊尔
		日喀则地区	樟木、吉隆			尼泊尔
	云南	保山市	腾冲			缅甸
		瑞丽市	瑞丽、畹町			缅甸
		西双版纳洲	磨憨、打洛		景洪	老挝、缅甸
		普洱市	勐康		思茅	老挝、缅甸
		红河州	河口、金水河	河口		越南
		麻栗坡县	天保			越南
		文山州	都龙			越南
		临沧市耿马县	孟定			缅甸
	广西	百色市	平孟、龙邦			越南
		崇左市	水口、友谊 关、爱店	凭祥		越南
		东兴市	东兴			越南

资料来源：根据各边境口岸城市政府网站资料整理，表中沿边一类口岸不包括航空口岸。

2. 边境城市

中国陆地边境城市有 28 个，即广西的东兴市、凭祥市，云南的景洪市、芒市、瑞丽市；新疆的阿图什市、伊宁市、博乐市、塔城市、阿勒泰市、哈密市；内蒙古的二连浩特市、阿尔山市、满洲里市、额尔古纳市；黑龙江的黑河市、同江市、虎林市、密山市、穆棱市、绥芬河市；吉林的珲春市、图们市、龙井市、和龙市、临江市、集安市；辽宁的丹东市。边境城市的空间分布明显不均衡，东北、西北、西南三个沿边大区的边境城市分别占比 60.7%、21.5% 和 17.8%；就省区布局来看，黑龙江、新疆和吉林三省区的边境城市比重偏大。

2.2.3　边境经济合作区与跨境经济合作区

佩鲁的增长极理论认为，增长极是特定环境中的以大型企业或企业集团为主的推进型单元。随着理论的丰富和完善，经济地域的增长极不仅依托经济空间的推进型产业，还包括地理空间的优越区位。沿边口岸和沿边口岸城市属于地理空间层面的增长极，边境经济合作区（以下简称边合区）和跨境经济合作区（以下简称跨合区）则是产业增长极的重要载体。

1. 边境经济合作区

自 1992 年至今，中国已经设立丹东、珲春、绥芬河、黑河、二连浩特、满洲里、吉木乃、塔城、博乐、伊宁、瑞丽、畹町、河口、凭祥、东兴、临沧、和龙 17 个边境经济合作区（见表 2 - 2），截至 2016 年，17 个边合区的核心区规划面积由最初的 20km² 发展到 316km²。国家商务部官网显示，边合区 2010 年实现地区生产总值 390 亿元，工业增加值 145 亿元，工业总产值 455 亿元，出口 50 亿美元，税收收入 41 亿元，进出口总额达 95 亿美元，实际利用外资达 4.1 亿美元。

表 2 - 2   边境空间增长极

边境经济合作区	地理空间增长极		产业增长极		邻国对应口岸
	沿边一类口岸	市州腹地	功能区空间布局	推进型产业	
丹 东	丹东	丹东市	江桥商贸旅游区、江湾现代产业园区、金泉高新技术园区、文安国际商务区、临港工业东区	软件开发、生物制药、电子信息、新材料、机电一体化、环保等	（朝）新义州
珲 春	珲春/圈河	延边朝鲜族自治州	日本工业园、韩国工业园、俄罗斯工业园和吉港工业园	木制品、纺织服装、能源矿产开采及深加工、高新电子、医药食品和保健品、新材料和新型建材等	（俄）克拉斯基诺/（朝）无汀里
绥芬河	绥芬河	牡丹江市	出口加工区、商贸中心区、保税仓储区	木材、机电、服装、食品等	（俄）波格拉尼奇内/格罗捷阔沃
黑 河	黑河/逊克/孙吴	黑河市	五秀山俄电加工区、二公河俄电加工区、石化工业区、国际物流区	新材料、新能源、新医药、有机化工、石油化工、出口加工等	（俄）布拉戈维申斯克
二连浩特	二连浩特	锡林郭勒盟	出口加工区、口岸加工区	木材加工、建工建材、矿产品加工、食品加工、仓储物流、出口加工等	（蒙）扎门乌德
满洲里	满洲里	呼伦贝尔市	进口资源加工区	以木业为主的进口资源加工业、以菜果出口为主的仓储物流业	（俄）后贝加尔斯克

续表

边境经济合作区	地理空间增长极		产业增长极		邻国对应口岸
	沿边一类口岸	市州腹地	功能区空间布局	推进型产业	
吉木乃（2011）	吉木乃	阿勒泰地区	综合经济功能区、开放示范区	石油天然气、哈国斋桑油田配套项目、进出口产品加工、国际贸易和仓储物流等	（哈）迈哈布奇盖
塔　城	巴克图	塔城地区	边贸商业中心区、进出口加工区、仓储区、口岸服务区	出口产品加工产业	（哈）巴克特
博　乐	阿拉山口	博尔塔拉蒙古自治州	商贸、工业、仓储、生活四个功能区	棉纺织产业为主导	（哈）德鲁日巴
伊　宁	霍尔果斯/木扎尔特/都拉塔	伊犁哈萨克自治州	北山坡建材能源产业园、苏拉宫工业园、火车站商贸物流园、高新技术产业园、城西商贸物流园	现代煤电煤化工、生物科技、新型建材、纺织服装、机械装备制造、农副产品精深加工、商贸物流、电子商务等产业	（哈）霍尔果斯/纳林果勒/科　尔扎特
瑞　丽	瑞丽	德宏傣族景颇族自治州	核心经济区、瑞丽—畹町—遮放—芒市发展翼、瑞丽—陇川—盈江发展翼	进出口加工业、热区资源开发产业、商贸—金融—旅游业	（缅）木姐
畹　町	畹町			外贸易、工业、旅游业、农业等	（缅）九谷
河　口	河口	红河哈尼彝族自治州	进出口货物查验货场区、商贸交易中心区、边民互市场区、物流配送中心区、保税仓库出口产品加工区	边境贸易为主	（越）老街
凭　祥	凭祥	崇左市	南山工业园、岜口工业园、大弯弓工业园	进出口加工业、制造业、建材业	（越）同登

边境经济合作区	地理空间增长极		产业增长极		邻国对应口岸
	沿边一类口岸	市州腹地	功能区空间布局	推进型产业	
东兴	东兴	防城港市	国际经贸区、港口物流区、国际商务区、临港工业区和生态农业区	边境小额贸易和边民互市贸易为主	（越）芒街
临沧(2013)	孟定	临沧市	耿马孟定核心园区、镇康南伞园区、沧源永和园区	外贸、甘蔗、橡胶、咖啡、木材等农产品加工、旅游业	（缅）南邓芒卡
和龙(2015)	南平/古城里	延边朝鲜族自治州	进口资源转化区、出口产品加工区、商贸物流保税区、西南部生活区	矿产、木材、海产品、轻纺、电子、食品、家电、工程机械、建材等产业	（朝）咸镜北道茂山郡七星里通检所/两江道大红丹郡三长通检所

资料来源：根据各边境经济合作区网站资料整理。

2. 跨境经济合作区

跨境经济合作区是指在沿边地区由两国或两国以上政府间共同推动的享有出口加工区、保税区、自由贸易区等优惠政策的次区域经济合作区。在两国边境附近划定跨合区，赋予该区域特殊的财政税收、投资贸易以及配套的产业政策，并对区内部分地区进行跨境海关特殊监管，吸引人流、物流、资金流、技术流、信息流等各种生产要素在此聚集，旨在实现该区域加快发展，进而通过辐射效应带动周边地区发展。

在 21 世纪的重要战略机遇期，我国与周边国家的合作逐步深入，以沿边口岸和口岸城市为核心的经贸合作有利于区域一体化的发展。现阶段，中哈已经建成"霍尔果斯国际边境合作中心"，整合了地理接近、文化民俗相似、经济往来频繁的邻国口岸与腹地，成为边境地区对外开放的重要发展模式。随着跨境经济合作的进一步发展，在建的跨合区空间形态不断涌现（见表 2 - 3）。

表 2 - 3　　　　　　　　　　跨境经济合作区发展

跨境经济合作区	中国		邻国		发展进程
	口岸	腹地	口岸	腹地	
中哈霍尔果斯国际边境合作中心	霍尔果斯	伊犁哈萨克自治州	霍尔果斯（哈）	雅尔肯特市	2004 年，中哈两国政府间签订以商贸旅游为内容的国际边境合作中心框架协议，中方占地 200ha，哈方占地 100ha。
中国绥芬河—俄罗斯波格拉尼奇内贸易综合体（在建）	绥芬河	绥芬河市	波格拉尼奇内（俄）	滨海边疆区	1999 年 6 月中俄两国政府外交换文确认绥—波贸易综合体，中方 1.53km²，俄方 3km²。 2002 年 2 月黑龙江省政府与俄滨海边疆区政府签署建设绥—波贸易综合体协议。2004 年 8 月绥—波贸易综合体建设全面启动。
中国河口—越南老街跨境经济合作区（在建）	河口	红河哈尼州	老街（越）	老街省	2006 年，云南省规划河口国际口岸区 2.85 km²，越南老街设立了 50ha 的金城商贸；河口与老街结为友好城市。 2014 年 4 月，河口启动跨合区中方园区基础设施建设。 2015 年 11 月，在河内发表《中越联合声明》"加强两国边境省区合作，促进边境地区发展"，推动"一带一路"倡议和"两廊一圈"构想对接。中方选址河口坝洒农场附近，面积 11km²，越方选址巴刹县境内，面积 10km²。
中国二连浩特—蒙古扎门乌德跨境经济合作区（在建）	二连浩特	锡林郭勒盟	扎门乌德（蒙）	东戈壁省	2015 年 11 月，中蒙发表联合声明，双方研究适时启动二连浩特—扎门乌德跨合区建设，各自拿出 9 平方公里土地予以对接。声明认为此举是中方"一带一路"和蒙方"草原之路"发展战略对接。

跨境经济合作区	中国		邻国		发展进程
	口岸	腹地	口岸	腹地	
中国东兴—越南芒街跨境经济合作区（在建）	东兴	广西壮族自治区	芒街（越）	广宁省	2007年，越中国际商贸旅游博览会上，东兴与芒街共同签署建设跨合区框架协议。 2014年12月，由越南国家工商部和广宁省政府主办，芒街和东兴市政府承办建设跨合区试点研讨会在芒街市举行。 2016年8月，中国累计完成投资6亿多元，推进18个项目建设。广西以"前店后厂"模式确定了"一个核心区"和"七个配套园区"84km²的跨合区布局。
中国瑞丽—缅甸木姐跨境经济合作区（在建）	瑞丽	德宏傣族景颇族自治州	木姐	木姐市	2007年1月，德宏州提出建设"中缅瑞丽—木姐跨境经济合作区"设想。 2011年，中缅双方就构建跨合区达成意向。 2015年6月，中缅瑞丽—木姐跨合区国际研讨会在昆明举行。12月14日，中缅第15届边交会期间举行了跨合区前期推进工作联合工作组第一次会议。
中国磨憨—老挝磨丁跨境经济合作区（在建）	磨憨	云南省	磨丁	南塔省	2009年，云南省编制《中老磨憨—磨丁跨境经济合作区可行性研究报告》并上报商务部。 2010年9月，中国磨憨经济开发区与老挝磨丁经济特区签订《中国磨憨—老挝磨丁跨境经济合作框架性协议》。 2012年3月，云南省政府代表团出访老挝时双方就建设中老跨境经济合作区达成共识。 2013年6~9月，云南省与老挝南塔省协商建立两省联合工作组机制，10月25日在景洪市举行第一次联合工作组会议。 2013年10月，在普洱市召开"中国云南—老挝北部合作特别会议暨工作组第六次会议"上签署《加快中国磨憨—老挝磨丁经济合作区建设合作备忘录》。 2014年6月，第二届南博会期间中老签署《关于建设磨憨—磨丁经济合作区的谅解备忘录》，标志磨憨—磨丁经济合作区正式纳入两国国家层面项目开启推动。

资料来源：根据各沿边口岸和边境经济合作区网站资料整理。

3. 边合区与跨合区发展中的问题

边境经济合作区与跨境经济合作区是沿边地区、边境省市融入"一带一路"建设的载体,由原来对外开放的末端转身变前沿。2012 年 11 月 30 日,国家商务部、财政部、国土资源部等六大部委联合公布《关于规范和促进边境经济合作区发展的意见》(以下简称《意见》)。《意见》明确发展目标是将边境经济合作区建设成为集双边贸易、加工制造、生产服务、物流采购等功能于一体的特殊经济功能区;成为沟通国内外资源、市场、产业和资金的区域性节点;成为睦邻友好、务实合作、互利共赢的经济合作典范;成为提升沿边开放水平、促进对外合作交流、推动区域经济一体化的重要载体平台;成为经济发展、民族团结、边疆稳定、社会和谐的开放示范区。在"一带一路"倡议机遇下,中外"合作建园"契合了多方共同的诉求,一方面是国家之间的经贸往来需要更高层次、更新模式和更符合国际规则的承载平台;另一方面是边境地区产业结构优化升级步伐需要逐步加快。

边境经济合作区目前的发展得到了国家政策的大力支持。但是沿边口岸对面的邻国,如蒙古国、朝鲜、越南、缅甸等国家经济发展层次不高,中国与其之间的边境合作区对外开放程度相对较低,多数情况是采用"双边集市贸易"模式,贸易、投资等类型企业则成为边合区的主体,企业对边境等相关政策的利用率不足 40%。边合区内产业层次较低、创新能力不足、集聚化程度不高是普遍面临的问题。

跨境经济合作区是吸引中国与边境邻国的投资向一个区域聚集,这种区域一体化模式需要双方国家在政策上的协调、完善和沟通。由于跨合区缺乏统一政策优势，面临着双方在国家层面、监管层面、配套层面等诸多问题，双方基础设施的互联互通、物流效率等都是亟待解决的难点。

2.3　沿边口岸与口岸城市互动机理

2.3.1　口岸经济地域单元

中国边境贸易自 20 世纪 80 年代恢复以来，沿边口岸城市凭借独特的地缘条件、区位优势和国家开发开放战略以及"兴边富民"政策，逐步发展成为我国沿边地区经济社会发展新的支撑点。然而，我国沿边地区的开发开放水平与沿海地区相比差距甚远，随着世界经济贸易发展的全球化和区域化，多边贸易和区域经济一体化互动并存。在"一带一路"倡议实施过程中，沿边地区将作为一个独立的经济亚区参与到对外贸易的国际化之中，由"边境据点式"开发向口岸经济地域单元式开发转变。

口岸经济地域单元是沿边口岸与口岸城市腹地互动发展而形成的地域增长空间。在经济全球化和区域经济一体化背景下，沿边口岸与口岸城市互动关系备受关注。口岸经济发展是"岸—城"互动发展的根本动力，口岸城市以发展边境贸易和临港产业支撑沿边口岸，通常建立多元功能区，并以边境经济合作区为对外开放的核心。

在口岸经济地域单元内，口岸经济以对外贸易、经济技术合作、旅游合作、农产品加工业等为主导、通过生产要素在国

内和国外的双向流动形式开拓国际市场、发展外向型经济、加
速区域产业优化升级，使口岸经济地域单元成为区际联动的增
长极，以网络连接和产业合作等实现沿边地区与内陆腹地的对
接（见图 2 – 1）。

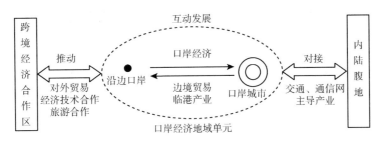

图 2 – 1　沿边口岸与腹地互动发展示意图

2.3.2　沿边口岸与口岸城市互动机理

1. 沿边口岸是口岸城市发展的内在牵引力

沿边口岸是口岸城市发展的中心和枢纽，是外向型经济发
展的必经通道。沿边口岸通过资源要素的集聚功能，加强与邻
国的边境经济合作与开发，实现经济互动，对市域腹地的发展
具有内在牵引功能。2010 年，满洲里口岸货运量占该市货运总
量的 73.5%，边境贸易规模占内蒙古自治区外贸进出口总额的
37%，承担了中俄贸易 60% 以上的陆路运输量，成为中国最大
的陆路口岸，牵引了满洲里市的经济总量、对外贸易、产业结
构、城市建设等方面高水平发展。

2. 沿边口岸城市是沿边口岸发展的支撑

按照周一星口岸城市腹地划分，沿边口岸是相对独立的沿

边地区对外经济联系亚区，沿边口岸城市是沿边口岸的紧密腹地。也就是说，沿边口岸城市越发达、辐射范围越广，与沿边口岸的联系越紧密，对沿边口岸的支撑力越大。丹东是辽东边境城市，位于辽宁沿海经济带和东北东部城市经济带的交汇点，拥有丹沈、丹大、丹通、丹海四条高速公路及丹沈、丹大高速铁路，丹东港和海洋红港两座亿吨大港以及辽宁省第三大口岸机场，其优越的交通运输能力、通关便利程度、经济发达程度和辐射力加速了丹东公路、铁路和水路等一类口岸全方位高速发展，使丹东口岸对朝贸易总额占全国对朝贸易额的60%以上。

3. 口岸经济发展是"岸城一体化"的根本动力

口岸依城市而建，城市依口岸而发展。我国沿边地区与经济发达地区联系较弱，因此，沿边口岸与市域腹地的互补共生发展关系尤为重要。沿边口岸经济发展是口岸城市发展的基础和动力，沿边口岸城市是口岸发展的支撑和载体，"岸城一体化"的核心是大力发展沿边口岸经济，即边境贸易、临港产业（来料加工、保税工厂、保税区、自由贸易区等生产经营活动）和外向型经济。因此，口岸经济发展能促进口岸管理的规范化，加速边境区位资源集聚，牵动口岸型产业（边境旅游、物流、边贸—加工等）在市域腹地生长。

4. 口岸经济地域单元是区际联动的推动力

口岸经济地域单元是沿边口岸与市域腹地、区域腹地等构成的经济地域系统，以产业综合开发为主要内容，参与国内、国际深度合作，培育区域整体竞争优势，实现沿边地区整体实力的提升。我国沿边口岸城市基本是中小城市，由于规模小，其经济资源集聚力和地区带动能力有限，为避免形成"孤岛经济"，有必要建立口岸经济地域单元，提高沿边地区的内部集聚能力和对域外带动能力。现阶段，我国的边境经济合作区、开发开放先导区等大都属于此种情况。

2.3.3　中国边境口岸与城市腹地互动分析

1. 沿边口岸城市发展综合分析

依托 2011 年数据，把当时沿边一类口岸城市分成地级市（13 个）和县级市（19 个）两类，从经济实力竞争力、市场竞争力、经济外向度竞争力的角度出发，选择 21 个指标：常住人口、地区生产总值、人均 GDP、地方财政一般预算收入、固定资产投资总额、社会消费品零售总额、城镇居民人均可支配收入、农民纯收入、第一产业增加值、第二产业增加值、工业增加值、工业增加值增长速度、第三产业增加值、旅游总收入、第二产业比重、第三产业比重、城乡居民储蓄存款余额、进出口贸易总额、出口总额、实际利用外资总额、招商引资到位金额。运用 SPSS11.5 软件进行主成分分析，根据特征根大于 1、累计贡献率大于 80% 的原则，比较各口岸城市的发展状况。

分析主成分的贡献率计算结果，地级口岸城市前 3 个主成分解释了所有变量 84% 的信息；而县级口岸城市则需提取 4 个主成分，其累计贡献率约为 80%。以相对方差贡献率作为权重，得出两组主成分线性方程（1）和（2），用来计算对应口岸城市在主成分上的得分，并进行排名（见表 2 - 4、表 2 - 5）。

$$F_1 = 0.50407 \times F_{11} + 0.21764 \times F_{12} + 0.11956 \times F_{13} \qquad (1)$$

$$F_2 = 0.40636 \times F_{21} + 0.21288 \times F_{22} + 0.10681 \times F_{23} +$$
$$0.07208 \times F_{24} \tag{2}$$

表 2-4　　　　　地级口岸城市综合得分排序（2011）

口岸城市	综合得分	排序	口岸城市	综合得分	排序
丹东市	1.4843	1	崇左市	-0.1275	8
牡丹江市	0.9326	2	鹤岗市	-0.3889	9
百色市	0.6590	3	普洱市	-0.5576	10
防城港市	-0.0457	4	保山市	-0.5633	11
佳木斯市	-0.0678	5	伊春市	-0.6123	12
双鸭山市	-0.1043	6	黑河市	-0.7040	13
鸡西市	-0.1199	7			

表 2-4 显示，丹东市是地级口岸城市中经济发展状况最佳的，分值远离其他城市；牡丹江和百色两市保持较高的经济增长。分析主成分因子与变量间的相关程度发现，第 1 主成分在第二产业增加值、固定资产投资、工业增加值、二产比重、生产总值等变量上得分较高，这些变量能反映经济总量的发达程度，称为经济总量因子，其累计贡献率达 50%；第 3 主成分由进出口贸易总额、出口总额、第三产业增加值三个变量决定，称为外向型经济因子，其累计贡献率约 12%。由此可见，我国沿边口岸的外向型经济对地级城市的经济发展支撑作用不强。

表 2-5　　　　　县级口岸城市综合得分排序（2011）

口岸城市	综合得分	排序	口岸城市	综合得分	排序
哈密市	1.0707	1	二连浩特市	-0.1265	11
满洲里市	0.9261	2	博乐市	-0.1788	12
伊宁市	0.5064	3	塔城市	-0.2723	13
珲春市	0.4730	4	图们市	-0.3770	14
绥芬河市	0.3894	5	瑞丽市	-0.4098	15
景洪市	0.0921	6	阿勒泰市	-0.4181	16
虎林市	0.0520	7	额尔古纳市	-0.4572	17

续表

口岸城市	综合得分	排序	口岸城市	综合得分	排序
密山市	0.0157	8	凭祥市	−0.5251	18
同江市	−0.0763	9	阿图什市	−0.5744	19
东兴市	−0.1100	10			

表 2－5 显示，哈密市和满洲里市的经济发展状况最佳，伊宁、珲春、绥芬河三市经济增速较快。分析主成分因子与变量间的相关程度，第 1 主成分在社会消费品零售总额、生产总值、第三产业增加值、招商引资到位金额、工业增加值、城乡居民存款余额、第二产业增加值、地方财政一般预算收入、常住人口、旅游总收入等变量得分较高，这些变量反映了跨行业、多层次的复合经济发达，其贡献率达 40%，可称为口岸经济因子。哈密、满洲里、伊宁、珲春、绥芬河五市对应的主要口岸有老爷庙口岸、满洲里口岸、霍尔果斯口岸、珲春—圈河口岸、绥芬河口岸等，这些沿边口岸是县级市发展的生命线。由此可见，我国沿边口岸经济对县级市的影响颇为明显。

2. 中国边境城镇空间发展趋势

基于对中国沿边口岸的研究，沿边口岸与其市域腹地的互动发展是在边境地区开发开放战略、沿边口岸本身的经济活动、口岸城市综合竞争力等诸方面的需求背景下形成的。

第一，口岸经济促进沿边地区综合发展的重要因子，是活跃在沿边口岸与城市腹地的本质要素。现阶段，口岸经济在哈密、满洲里等口岸城市发挥显著作用，通过边境贸易及跨境旅游等形式使县级沿边口岸城市的经济总量、外向型经济、城市建设、第三产业等方面迅速发展。但是，从整体上看，口岸经济对沿边地市的影响不充分、其贡献率偏低，一方面是双边经贸关系不稳定和口岸经济形式单一等因素的制约；另一方面是我国沿边口岸地市与内陆腹地联动发展不畅通，口岸经济发展尚未形成带动沿边地市综合发展的增长极。

第二，口岸经济地域单元是连接沿边口岸和口岸城市的地域空间极化系统，可以通过推进型产业的极化成长促进沿边口岸与其腹地的互动发展。以口岸经济地域单元为地理空间的增长极，既可以与内陆腹地建立广泛联系，形成区域经济网络，促进沿边口岸城市的内贸繁荣；也可以推动我国沿边地区参与次区域经济合作，加速区域经济一体化，促进沿边口岸城市经济外向性。

第三，沿边口岸与口岸城市腹地互动是在口岸经济地域单元内加速推进型产业极化的成长过程。以口岸经济为主导，发展进出口加工业、现代物流业、旅游业等主导产业，全面推进沿边地区开发开放水平；以边境经济合作区和跨境经济合作区的建设为基础，通过产业综合开发，夯实沿边地区产业基础，促进口岸经济转型升级和沿边口岸城市产业结构优化。沿边口岸是口岸城市的经济增长点，口岸城市是沿边口岸向内、向外发展的空间增长极。

2.4 丹东口岸与城市发展趋势

2.4.1 丹东口岸发展空间

辽宁省与朝鲜边界长 306 公里，呈东北—西南走向，由浑江口至鸭绿江入海口，经过宽甸满族自治县、丹东市辖区（振安区、元宝区、振兴区）和东港市 5 个边境县。在丹东江海岸线上有 13 个口岸，其中一类口岸 5 个，包括丹东港大东港区和浪头港区 2 个水运口岸、1 个公路口岸、1 个铁路口岸和 1 个输油管道口岸，二类口岸 8 个，预对外开放口岸——丹东机场口岸 1 个。

丹东口岸包括陆路和水运两部分，是全国最大的对朝贸易口岸，全市有边贸企业 600 多家，对朝贸易占到了全市贸易总额的 40%。丹东铁路口岸设在市中心的火车站，是中国最大的铁路口岸之一，是中朝人员物资交流往来和第三国人员出入朝鲜的主要通道，对应口岸是朝鲜新义州，年过货量约 300 万吨，出入境旅客约 10 万人次。丹东铁路口岸通过中朝友谊大桥，向北与沈阳—丹东铁路接轨，向南是新义州—平壤—咸兴—罗津电气化铁路的起点站，构成了一条纵贯中国东北和朝鲜半岛的铁路运输线。丹东公路口岸位于市区鸭绿江大桥旁边，是 1955 年经中朝双方商定批准开放的国家一类口岸，1966 年关闭，1981 年恢复通关。

多年来，丹东口岸促进了对外贸易、临港产业、跨境旅游等相关行业取得良好的经济效益和社会效益。边境口岸对于丹东地区扩大对外开放推进经济发展具有举足轻重的地位。2000 年丹东成为我国第一个兴边富民试点城市；2009 年丹东所在的辽宁沿海经济带上升为国家战略；2014 年丹东致力成为国家沿边重点开发开放试验区（待批）；2015 年成为国家 66 个区域级流通节点城市之一，同年成立了中朝边民互市贸易区。随着"一带一路"等规划的实施，丹东将成为东北边境地区全面对外开放的排头兵。

2.4.2　丹东口岸经济空间平台

1. 丹东边境经济合作区

丹东边境经济合作区于 1992 年 7 月经国务院批准成立，主要发展对外贸易、餐饮服务、商贸物流等产业。经过 24 年的发展，在全国 17 个同类开发区中处于前列，对朝贸易总量约占全国的 70%，外贸出口年均增幅在 30% 以上，在维护边境稳定、引进项目、利用外资、发展外向型经济、加速老工业基地产业升级以及自身建设等多方面取得了显著成绩。

国家《东北振兴"十二五"规划》中提出了"加快鸭绿江大桥建设，以合作开发黄金坪经济区为契机，全面提升中朝贸易、投资和经济技术合作水平"、"研究制定支持东北沿边开放政策，积极推进东北地区与东北亚国家的双边和多边区域合作"等发展导向。2014 年 5 月，国家批复了丹东边境经济合作区扩区方案，将原丹东边境经济合作区的区域范围调整至丹东新区，合作区新区位于黄金坪经济区对面，面积 6.3 平方公里，作为中朝黄金坪经济区的中方配套区。

丹东新区是以"一带五区"为基本架构提升城市功能。"一带"是指主动融入全市大旅游格局，打造鸭绿江断桥至丹东港码头沿线旅游精品带。"五区"包括：一是做优新城区。以"互联网 + 、云贸易"为重点做好现代服务业，形成以阿里巴巴、腾讯众创、跨境云贸易、大宗商品交易平台为核心的丹东电子商务先导区；以大桥口岸区、互市贸易区为引领，做好对外贸易和物流产业，打造东北地区对朝贸易中心和物流中心。二是做强产业区。依托港口优势，发展临港产业，做强现代木业、汽车及零部件、仪器仪表、现代农业、钟表珠宝等产业集群，促进传统产业升级，形成集群；培育和发展高新技术产业，着力培植曙光新能源汽车、老东北农业等龙头企业，以龙头企业拓展产业链，做大工业经济总量，逐步成为全市工业主导区。三是做新老城区。以形象改造、业态整合、综合施策为重点，推动整体改造或局部改造，提升形象。四是做实城镇区。以新型城镇化为方向，引导未实现城镇化的区域主动适应新区规划。五是做快扩大区域。主要针对已经获批的 6.3 平方公里新扩大区域，结合黄金坪特殊经济区开发建设，完善控制性详细规划，争取优惠政策和资金支持，重点引进基础设施整体建设项目及物流、高科技和城市综合体项目，使该区域能够得到迅速高效的利用，成为经济发展新的突破点。

2. 丹东沿边开发开放试验区

2014 年初，国务院正式下发《关于加快沿边地区开发开放的若干意见》，明确提出"研究设立广西凭祥、云南磨憨、内蒙古二连浩特、黑龙江绥芬河、吉林延吉、辽宁丹东重点开发开放试验区"。2015 年，丹东两会期间政府报告提出，逐步规划建设丹东综合保税物流园区、跨境经济合作区、国际港口物流区、现代临港产业区、特色优势产业区、国际都市服务区和边海生态旅游区。2016 年，《丹东重点开发开放试验区实施方案》编制完成并上报国家待批。

3. 出境加工试点城市

"出境加工"是指我国境内企业因生产经营所需，将全部或部分原材料、零部件、包装物料等提供给境外生产企业，借助境外劳动力开展加工或装配后，再将制成品复运进境，即订单销售"两头在内"，生产环节"中间在外"。"出境加工"业务是海关总署支持国家长吉图开发开放先导区战略发展、促进我国自主品牌做大做强的重要举措之一，后逐步在国内扩大试点。2014 年 8 月，海关总署批复丹东成为出境加工试点城市，丹东市新丰服装有限公司等 5 家服装加工贸易企业成为首批试点单位，试点期限 2 年。同年 9 月，辽宁省首票出境加工货物——价值 23 万美元的服装面辅料在丹东口岸申报出口，标志着出境加工业务在辽宁地区成功运行。

4. 中朝边民互市贸易区

2015 年 8 月，经辽宁省政府批准，丹东市设立"中朝边民互市贸易区"，位于丹东新区国门湾科技五金城，占地面积 4 万平方米，建筑面积 2.4 万平方米，分为展示交易、仓储物流、停车候检、联检办公、管理服务五大区域，采取政府主导、市场化运作、海关监管的运营模式。在互市贸易区，丹东市距陆路边境 20 公里以内的边民，可持边民证在互市贸易区内与朝鲜边民进行商品交换活动，这是辽宁首个享有国家、省、市优惠政策的互市贸易区。

2016 年 6 月，国门湾中朝边民互市贸易区通关试运营，是辽宁省唯一享受"边民每人每天采购 8000 元免征进口关税和进口环节税商品"特殊优惠政策的经济区域，办理边民证只需 3 分钟便可完成，凭证可进互贸区购买朝鲜货。这里开通丹东首个跨境电商平台——"国门云购、跨境电商免税店"，该平台以"互联网＋互市贸易"的运营模式，提供正宗朝鲜、韩国、俄罗斯等国家的商品，同时把丹东的名优特商品推向东北亚及全球市场。互贸区的优惠政策主要体现在关税和环节税的减免上。以一般生活商品为例，正常进口关税为 7%～20%，增值税为 13%～17%，以边民每人每日购进 8000 元商品计算，按 7% 关税算为 560 元，增值税按 13% 算为 1112 元，两种税收合计可减免 1672 元。

2.4.3　丹东临岸产业发展趋势

丹东口岸外贸出口主要是朝鲜以及日韩市场，随着互市贸易区和出境加工区的启动，扩大了丹东边贸企业对朝贸易人民币结算范围，同时利用电子商务、出口信用担保等平台，进一步促进了丹东口岸经济发展以及扩大了对外贸易市场。一旦《丹东重点开发开放试验区实施方案》获批，丹东外向型经济的后发优势将会随之凸显出来。2015 年，丹东市外贸出口总值 46.5 亿美元，其中对朝贸易出口总值达到 15 亿美元，年均增长 20%。丹东市对朝贸易的优势对接产业体现在服装加工、软件外包等方面。目前，丹东临岸产业发展特点是：

1. 加快转变对外贸易发展方式

"十二五"期间，伴随转变经济增长方式和产业结构优化升级的发展诉求，丹东市政府规划汽车及零部件装备、农副食品加工业、仪器仪表、纺织服装等为主导产业。丹东市以沿江沿海经济带为重点，开发临港产业园区（新区）、东港、前阳和大孤山四大经济区，构建丹东新的产业集聚区。实现新城区的中心城市功能，提升老城区的城市品位。向北打造金山、五龙背、东汤旅游休闲度假区，向东打造九连城、虎山、太平湾高端服务文化创意产业集聚区，发展壮大凤城、宽甸两大经济板块支撑市域经济。

随着对外加工贸易的转型升级，加工贸易向上下游延伸，延长加工贸易国内增值链，加快培育以技术、品牌、质量、服务为核心竞争力成为趋势，从而推进市场多元化。丹东市进一步加大对农产品、纺织服装、机电产品、水产品加工等外贸出口骨干企业的支持力度，培育出口品牌，建设一批在世界有一定影响力的特色产业出口基地。同时，努力开拓金融、保险、电信、商业、物流等服务贸易领域，以中朝鸭绿江大桥建设及全市的开发开放为契机，打造全国对朝鲜半岛开放的"桥头堡"。

2. 不断提高利用外资质量和水平

"十二五"期间，丹东累计实际利用外商直接投资 100 亿美元，年均增长 37%。以直接利用外资为主加速促进利用外资方式的多样化，不断扩大利用外资规模和拓宽利用外资渠道，从而大力吸引韩国、日本、中国港澳台等国家和地区对市域投资。在招商引资方面，围绕旅游等传统产业及电子商务等新兴产业，鼓励和引导外资投向汽车、电子信息、仪器仪表、新材料、新能源、节能环保和现代服务业等重点发展产业。

3. 加快推进外向型经济发展

加快外向型经济发展是丹东对外开放的重要途径。目前，丹东市加大政府补贴、开拓新兴市场、引入信用保险、对外贸企业帮扶等措施，积极应对地缘政治对全市外贸出口的冲击。深入开展国际合作，批准境外投资项目 8 个，丹东港、曙光、宝华、金丸集团等企业境外投资得到了实质性推进。

　　总之，丹东作为中国边境发育良好的城市，在与"一带一路"和对外开放战略对接的道路上还有很长的路要走。如何融入国家发展战略、完善城镇空间等级体系、实现产业错位发展、创新服务型政府管理以及保障市场环境健康等诸多方面任重道远，既需要国家政策外力的扶持，更需要边城内生动力的挖掘。

第3章
中国资源空间与城市

资源是财富的源泉，任何社会都面临着解决资源配置的问题。资源空间的发展既是经济范畴，也是国家的政治与战略。

3.1 资源型城市的空间发展

资源型城市发展建设是一个世界性的普遍问题。19 世纪下半叶以来，受工业革命和发达资本主义国家殖民主义活动影响，世界各地快速兴起了以各类资源采掘和加工为目的的资源型城镇。20 世纪 20 年代后，大规模的工业化促进了经济的快速发展，煤铁等各种矿产资源成为重要的生产要素，各类资源型城镇进一步发展。20 世纪 60 年代以来，随着新型能源的出现，西方各经济大国的煤炭经济面临价格下降、产量锐减、市场缩小等一系列问题，一些资源型地区和城市陆续开始转型。

3.1.1　资源型城市转型基本模式

　　资源枯竭城市转型问题是世界各国经济和社会发展中都经历过或正在经历的突出问题。在工业化的初期和中期，欧洲、美国、日本等都曾有发达的矿业，随着矿业逐步式微，这些国家的矿业城市通过国家政策引导和产业结构优化，合理解决矿业城市的历史遗留问题，成功进行了经济转型，摆脱对本国和本地区矿产资源过度依赖的束缚，使传统的矿业地区再次复兴起来，走向区域经济平衡、协调和可持续发展。从国际上看，资源枯竭城市转型和可持续发展问题，德国、法国、日本等得到很好的解决，还有诸如美国、意大利、希腊、西班牙等国正在合理地解决。

　　资源型城市经济结构转型，通常在国外被称为衰退地区经济振兴或结构性问题地区的经济振兴。由于各国经济运行模式、资源丰度、赋存条件、开采成本、区位等方面的不同，所采取的经济转型和发展模式有很大差异。比较有代表性的经济转型模式，可以划分为美国—加拿大—澳大利亚模式、日本模式和欧盟模式三种（见表 3 - 1）。

表 3 - 1　　　　　国外资源型城市经济转型基本模式

模式	美国—加拿大—澳大利亚模式（市场主导）	日本模式（市场＋政府）	欧盟模式（政府主导）
城市特点	●资源丰富、人口稀少 ●转型城市以煤铁和石油为主 ●城市规模小，转型难度小	●矿产资源缺乏 ●资源型产业以煤炭为主	●工业化进程早，生产成本高 ●城市历史长，转型难度大 ●以煤炭、钢铁、煤化工、重型机械等为主的单一重型工业结构

续表

模式	美国—加拿大—澳大利亚模式（市场主导）	日本模式（市场＋政府）	欧盟模式（政府主导）
转型特点	•转型企业自主决定产业转型 •政府解决转型企业迁移后留下的人员安置问题 •转型两种结果：资源开发殆尽的"鬼城"；现代综合性大都市	•政府制定政策和法规支持产业转型	•政府主导与市场调节结合
政府政策	•建立预警系统（预警期2～4月） •紧急经济援助（6～12月）、再培训、搬迁及工作分享策略 •建立社区赔偿基金和专项保险机制 •实现经济基础多样化	•支持煤产地基础设施建设 •扶持大型项目；发展替代产业 •制定《特定萧条产业安定临时措施法》等相关法律 •财政补贴、税负减免政策 •要求电力行业必须购买高价的国产煤炭	•成立专门委员会负责转型 •彻底关闭煤、铁等成本高、污染重企业 •投入重资支持转型 •措施：用高技术改造矿业，发展新兴替代产业，扶持中小企业，以职业培训和个人创业等方式帮助再就业

3.1.2　资源型城市接续产业发展

随着后工业化的到来，资源型城市逐渐没落，传统工业价值已经转移。然而，通过国家政策引导和产业结构调整，这些地区还可以重新复兴起来。从国际上资源型城市的接续替代产业转型经验来看，以德国鲁尔地区、法国洛林地区、日本北九州、美国洛杉矶和休斯敦等城市最为成功。

德国鲁尔曾是世界上最著名的重工业区，以煤炭和钢铁工

业为中心,转变为以煤炭和钢铁生产为基础、以电子计算机和
信息产业技术为龙头、多种行业协调发展的新型经济区。法国
洛林以煤铁复合为主的重化工基地,转变成法国吸引外资最主
要的地区。美国休斯敦敦称"世界能源之都",通过产业链延伸
和拓展并建立宇航中心,完成了从单一石油资源型城市向集资
本、技术、智力于一体的综合性大都市的演变。日本九州由煤
城转型为高新技术产业区(见表 3 - 2)。

表 3 - 2　　　　国外资源型城市接续替代产业发展情况

城市/区域	资源类型	传统产业	接续—替代产业
德国鲁尔区	煤炭	采煤、钢铁、电力、重型机械制造等	汽车、化工、电子及消费品工业、服装、食品、教育、旅游业
法国洛林区	煤铁	铁矿和煤炭开采等	汽车、电子塑料加工、计算机、核电、激光、生物制药、环保机械
日本北九州	煤炭	煤炭、钢铁、化学、矿山机械等	汽车、新能源、环保机械设备、医疗健康和生物技术、信息和网络通信技术、旅游业
美国洛杉矶	石油	石油化工、飞机制造、汽车制造、食品加工、电子工业等	宇航工业、电子产业、飞机—汽车制造、农业畜牧业、食品工业、电影业、旅游业
美国休斯敦	石油	石油开采、石油化工等	机械、钢铁、水泥、电力、造纸、粮食、交通运输、航空航天工业、仪器仪表、精密机械、现代农牧业、金融业—国际贸易

3.2　中国资源型城市空间布局

新中国成立以来,资源型城市累计生产原煤 529 亿吨、原油
55 亿吨、铁矿石 58 亿吨、木材 20 亿立方米,"一五"时期的

156 个国家重点建设项目中有 53 个布局在资源型城市，占总投资额的近 50%，为建立中国独立完整的工业体系、促进国民经济发展作出了历史性的贡献。

3.2.1　资源枯竭型城市界定与布局

资源型城市是以本地区的矿产、森林等自然资源开采、加工为主导产业的城市（包括地级市、地区等地级行政区和县级市、县等县级行政区）。作为基础能源和重要原材料的供应地，资源型城市为国家经济社会发展作出了突出贡献，由于资源衰减等原因，这些城市在发展过程中存在着经济结构失衡、失业和贫困人口较多、接续替代产业发展乏力、生态环境破坏严重等诸多矛盾和问题。2007 年，中国政府界定了煤炭、森工、石油等各类资源型城市 118 个，其中煤炭城市 63 座、有色金属城市 12 座、黑色冶金城市 8 座、石油城市 9 座。2008 年以来，国家分三批界定出全国 69 座资源枯竭型城市。

1. 第一批资源枯竭型城市

2007 年 12 月，国务院制定出台《国务院关于促进资源型城市可持续发展的若干意见》后，国家发改委于 2008 年 3 月确定了国家首批资源枯竭城市，包括阜新、伊春、辽源、白山、盘锦、石嘴山、白银、个旧（县级市）、焦作、萍乡、大冶（县级市）、大兴安岭 12 个城市。

资源型城市的区域分布表现：中部地区典型资源枯竭城市 3 个（焦作、萍乡、大冶）；资源型城市经济转型试点城市 5 个（阜新、伊春、辽源、白山、盘锦）；西部地区 3 个（石嘴山、白银、个旧）；典型资源枯竭地区 1 个（大兴安岭）。

2. 第二批资源枯竭型城市

为落实《国务院关于促进资源型城市可持续发展的若干意见》（国发〔2007〕38 号），有效应对国际金融危机，促进资源型城市可持续发展和区域经济协调发展，2009 年 3 月国务院确定了第二批 32 个资源枯竭城市。

资源型地级市（9 个）：山东枣庄市、湖北黄石市、安徽淮北市、铜陵市、黑龙江省七台河市、重庆万盛区、辽宁抚顺市、陕西铜川市、江西景德镇市。

资源型县级市（17 个）：贵州铜仁地区万山特区、甘肃玉门市、湖北潜江市、河南灵宝市、广西合山市、湖南耒阳市、冷水江市、资兴市、辽宁北票市、吉林舒兰市、四川华蓥市、吉林九台市、敦化（森工）、湖北钟祥市、山西孝义市、黑龙江五大连池市（森工）、内蒙古阿尔山市（森工）。

资源型市辖区（6 个）：辽宁葫芦岛市杨家杖子开发区、南票区，河北承德市鹰手营子矿区，云南昆明市东川区，辽宁辽阳市弓长岭区，河北张家口市下花园区。

3. 第三批资源枯竭型城市

为进一步加大对资源枯竭城市的支持力度，2011 年 12 月国务院批准界定了第三批 25 个资源枯竭城市：河北井陉矿区、山西霍州市、内蒙古乌海市、石拐区、吉林二道江区、汪清县、黑龙江鹤岗市、双鸭山市、江苏贾汪区、江西新余市、大余县、山东新泰市、淄川区、河南濮阳市、湖北松滋市、湖南涟源市、常宁市、广东韶关市、广西平桂管理区、海南昌江县、重庆南川区、四川泸州市、云南易门县、陕西潼关县、甘肃红古区。

同时，根据《大小兴安岭林区生态保护与经济转型规划》，国家发改委和财政部确定了大小兴安岭林区 9 个县级单位参照执行资源枯竭城市财政转移支付政策，它们是内蒙古牙克石市、额尔古纳市、根河市、鄂伦春旗、扎兰屯市，黑龙江省逊克县、爱辉区、嘉荫县、铁力市。

4. 新时期资源城市转型的规划引领

2013 年，国家再次评估调整资源型城市，界定了 262 个资源型城市，其中地级行政区（包括地级市、地区、自治州、盟等）126 个，县级市 62 个，县（包括自治县、林区等）58 个，市辖区（开发区、管理区）16 个。

资源型城市遍布全国所有省区和重庆直辖市，它们在促进我国独立完整的工业体系形成和国民经济发展中作出了历史性的贡献。然而，其数量之多、分布之广、历史遗留问题严重、可持续发展压力之大也是空前的，转型发展势在必行。为此，国务院公布了《全国资源型城市可持续发展规划》（2013～2020年），以分类引导、有序开发、优化结构、民生为本作为基本原则，把资源型城市分为成长型、成熟型、衰退型和再生型四类，明确了成长型城市有序发展，成熟型城市跨越发展，衰退型城市转型发展，再生型城市创新发展的方向和建设任务。

3.2.2　国内资源型城市转型态势

1. 产业结构转型方式

资源型城市产业结构转型的方式主要有三种类型：一是跳

出原产业范畴，植入新型产业，从横向选择替代产业（又称"产业更替"），形成新的主导产业或支柱产业，主要适用于资源枯竭或开采成本很高的资源型城市；二是通过支柱产业的发展带动相关产业，从纵向延长产业链，发展接续产业（又称"产业延伸"），主要适用于在资源储量和开采成本方面具有一定优势，但由于开采业附加值低，产业辐射力比较小的资源型城市。三是以上两种方式的复合模式，体现产业综合化发展趋势。

　　通常，资源枯竭型城市产业转型首先发展接续产业，利用剩余资源，延伸产业链条，减缓就业压力；其次发展替代产业，摆脱对资源的过度依赖，推动产业结构优化升级，从而确定相对优势的主导产业，带动相关产业发展，形成产业集群，实现各种产业转型搭配组合。21 世纪以来，中国一些资源型城市开始培养接续产业，以提升改造资源型产业，推动经济、社会、文化、生态等全方位转型，使原来的"煤都""油城"等成功摆脱了对资源的严重依赖，重新获得城市发展的可持续动力，其中大庆市、鞍山市、焦作市、马鞍山市、黄石市、徐州市等转型表现尤为突出（见表 3 - 3）。

表 3 - 3　　　**国内资源型城市接续—替代产业发展情况**

城市	资源类型	传统产业	接续—替代产业	转型方式
大庆市（黑）	石油	石油开采石油化工	石油深加工和精细化工产业、现代农业、装备制造、新材料和新能源、高端服务业	接续产业
鞍山市（辽）	钢铁	钢铁、重工业	钢铁深加工、菱镁新材料、装备制造、化工新材料、光电产业、纺织服装产业、物流业、旅游业	多元复合

城市	资源类型	传统产业	接续—替代产业	转型方式
焦作市（豫）	煤炭	煤炭工业	电力—热电—铝电联营、生物—精细—医药化工、铝材深加工、机电一体化、农副产品加工	接续产业
马鞍山（皖）	钢铁	钢铁、重工业	新材料、高端装备制造、节能环保、新能源、电子信息、生物医药	替代产业
黄石市（鄂）	铜矿铁矿	采掘、冶金、建材	黑色金属、有色金属、高新技术、建材、能源、机械制造、纺织服装、食品饮料、化工医药	接续产业
徐州市（苏）	煤炭	煤炭开采、加工、重化工	装备制造、商贸物流旅游、食品及农副产品加工、能源、高效农业、现代服务业	替代产业

资料来源：根据以上各市"十二五"规划整理。

2017 年 4 月，国家发改委等五部门联合印发了《关于支持首批老工业城市和资源型城市产业转型升级示范区建设的通知》，支持辽宁中部（沈阳—鞍山—抚顺）、吉林中部（长春—吉林—松原）、内蒙古西部（包头—鄂尔多斯）、河北唐山、山西长治、山东淄博、安徽铜陵、湖北黄石、湖南中部（株洲—湘潭—娄底）、重庆环都市区、四川自贡、宁夏东北部（石嘴山—宁东）等 12 个城市（经济区）建设首批产业转型升级示范区。城市产业转型示范区的建设，一方面是促进这些城市（经济区）继续高质量的转型发展和深化供给侧结构性改革；另一方面是示范带动和典型引领其他资源型城市进行转型探索。

2. 资源型城市转型的困难与挑战

资源型城市往往依资源开采而居，城市对资源依赖性过高，其产业发展具有单一性，第三产业以及可替代产业发展滞后。在单一资源发展路径下，随着传统产业支撑能力减弱，新兴产业尚未成长起来，资源型城市产业结构深度调整的任务艰难，农业和服务业都表现为传统业态，房地产业的去库存难度较大，投资、消费、出口的后劲均不足，稳增长压力很大。

转型中，资源枯竭型城市还面临着一些不确定的风险。第一，资源型产业的生产收益递减。资源开采一般遵循"先上后下，先易后难，先优后劣"的规律，随着资源开采深度的加大，开采成本也越来越高，当资源进入衰退期时，生产企业连续增加的每单位投入量所获得的边际收益都是递减的。第二，大量沉淀成本的存在使资源型产业结构呈现刚性。在资源开采过程中，设备、钻井、洞室等资产约占固定资产总量的 35%，这部分资产不能完全回收利用而形成沉淀成本。沉淀成本加大了企业退出枯竭资源行业的机会成本，同时也减少了企业转入其他行业和市场的固定资本，形成低效率运营的恶性循环，最终导致产业结构的刚性。第三，资源型城市的产业间关联度较低。资源枯竭型城市三次产业结构的比例失调，第一产业基础薄弱且占比高，第二产业比重过大，第三产业发展缓慢。由于资源型产业属于中间投入型产业，产业的后向关联度低，难以带动下游产业及相关产业的发展而实现产业接续与延伸。

3.2.3　辽宁资源型城市的时空变革

辽宁省是国家颁布（2013）的资源型城市（区）分布最多的两省之一，是"资源立省"的典型，也是全国矿种齐全的三个省份之一。"一五"时期，全国 156 个重点工程项目在辽宁布局 24 项，到 20 世纪 60 年代，辽宁已经成为以钢铁、石油、机械、化工、建材为主的重化工业基地，对新中国成立初期国民经济的恢复和发展起到了至关重要的作用。无论是国家重大工业项目的重点安排以及地方配套项目的建设，还是后来形成的钢铁、能源、有色、机械、化工、建材等产业为主的工业体系，都与矿产资源的高强度开发密切相关，全省形成了一批以资源开采为主，或以矿产品为基本原料进行生产的城市和地区。很多城市的"钢都"、"煤都"、"镁都"、"煤电之城"、"煤铁之城"、"石化城"等誉称闻名全国。

辽宁省 14 个地级市中，13 个属于资源型城市（大连除外），6 个是资源枯竭型城市，即阜新市（煤炭）、盘锦市（油气）、抚顺市（煤炭）、北票市（煤炭）、葫芦岛市南票区（煤炭）和杨家杖子区（有色金属）、辽阳市弓长岭区（铁矿）。

20 世纪 80 年代末，辽宁老工业基地开始走向衰退，到 1997 年，辽宁国有工业企业已连续 3 年净亏损，亏损面达 49.8%。2003 年东北老工业基地振兴战略实施以来，辽宁坚持经济结构战略性调整，坚持以国企改革为突破口，坚持把保障和改进民生作为落脚点，一度摆脱了"东北现象"，形成了良好的发展态势。然而，随着世界经济危机和国内"三期叠加"影响，辽宁经济在 2013 年开始出现"断崖式"下行。目前，经济转型是辽宁城市未来发展亟待解决的问题。

3.3　阜新市经济区位与发展战略

3.3.1　经济区位条件

1. 自然地理条件

　　阜新市地理位置为东经 121°26′，北纬 42°02′。全区地处辽西剥蚀低山 – 丘陵区，盆地呈北东南西带状展布，东南侧为医巫闾山，西北侧为努鲁尔虎山系东支的小松岭山脉，盆地由两侧向中央依次为低山、丘陵、河流阶地。阜新地区地处中纬度北温带，属于半干旱半湿润大陆性季风气候，多风沙、水系少，以细河为主要河流横贯盆地，年均降水量 550 毫米，年均温度 9.5℃。地处华北、长白和内蒙古三大植物区系的交会地带，植物成分复杂，种类多，自然植被类型以油栎林、蒙古栎林、辽东砾林等天然次生林和人工林为主，其次是园林群落栽培果树（枣树和大扁杏等）。林地面积占全区 27.8%、牧草面积占比 7%（全省第二）。

2. 经济区位条件

　　阜新市位于辽宁省西北部，北靠内蒙古通辽市，东临沈阳市，南接锦州市，西至朝阳市和内蒙古赤峰市（见图 3 – 1）。阜新是我国重要的煤炭生产基地，全区总面积 10355 平方公里，其中城市规划区面积 674.02 平方公里，建成区面积 53 平方公里，下辖 2 县 5 区，即阜新蒙古族自治县、彰武县和海州区、细河区、太平区、新邱区、清河门区，以及省级经济开发区和高新技术产业园区。2011 年总人口 193 万，其中市区人口 78 万。

图 3 - 1　辽宁省阜新市地图①

　　阜新地处沈阳经济区、环渤海经济圈、蒙东经济区交会处和长春城市群、京津城市群中间地带，铁路、公路、高速公路四通八达，境内有高速公路 5 条（阜锦、沈彰、铁阜朝、彰阿、阜盘）。阜新距北京、天津、沈阳等大城市较近，新义线、大郑线横贯阜新，沈阜公路距离沈阳 170 公里，距锦州港 120 公里，距营口港 230 公里。从地缘上看，阜新是沈阳经济区西北空间拓展的关键城市，是辽西与蒙东经济合作的交通枢纽，是连接东北与华北第二条大通道上的重要节点。

3. 资源优势与发展制约

　　矿产资源种类多储量大。阜新已发现各类矿产 46 种，占辽宁已知矿产的 42%；已探明储量的矿产资源 28 种，其中煤、煤层气、金、硅砂、沸石、萤石、麦饭石、泥炭等 8 种属于全省优势

---

①　根据百度地图绘制整理。

矿产。阜新煤田开采于1897年，主要煤种为长焰煤，采煤涉及面积600平方公里。新中国成立后50年，阜新累计为国家开采原煤5.2亿吨，发电1400亿千瓦时，为国家经济建设作出了重大贡献。

辽宁省畜牧基地和重点产粮区。阜新人均土地8.56亩，居全省之首；以玉米、花生、谷子和杂粮等农作物为主，是全省玉米主产区，玉米种植面积20万公顷，占全省的21%；花生年产量达60万吨，生产规模居全国领先。阜新畜牧业发达，形成了生猪、奶牛、肉牛、肉羊、肉鸡、白鹅、肉驴、肉鸭八大产业链及八大产业生产基地，其中，生猪产业链完整，鲜奶人均占有量、肉羊人均饲养量和出栏量均居全省第一，奶牛饲养量和肉驴饲养量居全省第二。

阜新旅游资源独特。受西藏、青海、内蒙古一线黄教（喇嘛教）影响，形成浓郁蒙古族特色的"东藏"瑞应寺和藏传佛教摩崖造像；背靠科尔沁沙地南缘，形成了大漠和森林融合的大清沟风景区；红山文化源头之一查海文化遗址，被考古专家誉为"玉龙故乡、文明发端"。随着煤炭资源枯竭的转型，阜新海州露天煤矿（我国最大露天煤矿）和新邱露天矿形成工业遗产旅游资源。

自20世纪80年代中期，阜新出现了"矿竭城衰"的现象，煤层越来越深，开采条件更加复杂，开采成本逐年加大，亏损逐年增多，随着部分矿井关闭，2000年下岗职工（15.6万人）占城市职工45.9%以上，给社会稳定带来了严重影响。2002年阜新政府明确提出产业转型战略。从产业基础来看，阜新的重工业基础雄厚，国家"一五"时期的156个重点项目中，有4个能源项目（其中3个煤炭项目）安排在阜新，成为国家的煤电生产基地，煤炭经济占比大，冶金、机械制造、矿建、电力、建材等非煤产业基础薄弱全部依附煤炭行业，随着煤炭资源的枯竭其他产业发展受到了很大的制约。

从城市周边发展环境看，沈阳经济区内除沈阳市外其余 7 市均属于迫切需要转型的资源型城市，其中阜新、抚顺、辽阳（弓长岭区）被确定为国家资源型枯竭型城市，城市转型迫在眉睫。阜新市西部临近的朝阳（北票）市和赤峰市均属于煤炭资源型城市，北票市矿务局已整体破产，经济社会发展困难极大。

3.3.2　经济战略回顾与发展现状

1. 经济发展战略回顾

阜新市是一座典型的以煤电为主的资源衰退期被动转型的城市。1940 年建市以来，煤炭产业在阜新经济社会发展中占举足轻重的地位。由矿产资源的不可再生性本质决定，煤炭产业必将经历一个由盛转衰的发展历程。1985 年，新邱煤矿年产量由原来的 100 万吨下降到 10 多万吨，这标志着阜新的煤炭产业进入衰退期。到 2000 年底，阜新矿区已有 11 对矿井报废，新邱煤矿、老梁煤矿、平安煤矿、王营煤矿、海州露天煤矿等主体煤矿也面临着关闭。2000 年全市经济总量只有 65 亿元，居辽宁省倒数第一位，市本级和七个县区全部靠省补贴过日子。

"十五"时期，国务院确定阜新为全国资源枯竭型城市经济转型试点市，阜新走上了转型振兴之路。阜新市采取"产业更替 + 产业延伸"的复合模式，以煤电为主的单一产业结构调整为以食品及农产品、新型建材、精细化工、装备制造配套等为重点的多元化产业格局。

"十一五"时期，阜新市以经济转型为主线、以项目建设为核心、确立了"推进转型振兴与构建和谐阜新"两大主题,全面实施改革开放、工业兴市、强县壮区、科教人才强市和可持续发展五大战略,开展"工业年"活动和"民生工程"建设,促进社会和谐稳定。2008 年,省委省政府实施"突破阜新"战略,大力支持阜新转型。五年间,全市实施千万元以上项目近2000 个,项目建设创了历史最好水平,融入了沈阳经济区,与内蒙古锡林郭勒盟建立了友好市盟关系,成为"九市一盟"区域经济合作组织中的重要一员。

"十二五"时期,阜新以科学发展、创新发展、和谐发展为主题,以创建全国资源型城市转型示范市为主线,大力实施工业强市、城镇化带动、开放创新、生态立市、文化兴市战略。确立"三基、六群、一带"的工业格局。"三大基地"是指食品及农产品加工基地、新型能源基地、煤化工基地;"六个重点产业集群"是指液压装备制造集群、现代皮革集群、板材家具集群、铸造产业集群、氟化工产业集群、新型材料产业集群;"沈阜城际连接带"指以国道 102 线(于洪至新民段)、304 线(新民到彰武段)和京四高速(彰武至阜新段)为轴线,连接沈阳于洪区、新民市,阜新彰武县、阜蒙县、主城区和清河门。

"十三五"伊始,阜新以全面转型振兴为主线,确立液压装备制造及配套产业、农产品加工业、能源产业三个支柱产业,培育壮大多元化产业体系,如期全面建成小康社会。

2. 经济发展现状回顾

"十二五"期间,阜新市经济发展呈现良好态势。地区生产总值从 2010 年的 378.9 亿元扩大到 2015 年的 530 亿元,年均增长 6.5%;全市公共财政预算收入由 2010 年的 30.1 亿元增加到

37.2 亿元，年均增长 4.3%。三产结构由 2010 年的 24.5：41.8：33.7 调整为 21.3：39.6：39.1，第一、第二、第三产业增加值分别增长了 4%、5.5% 和 10%；非农产业比重呈上升趋势。规模以上工业增加值 130 亿元，多元化工业格局初步完成，装备制造、农产品加工、能源三大支柱产业增加值占工业比重 75.7%，金融、旅游、电子商务等现代服务业增速高于经济发展增速，社会消费品零售总额 278 亿元，增长 7.4%，出口总额达 2.7 亿美元，全市进入了转型发展的转折期。

阜新市社会基本公共服务水平不断提高。"十二五"期间，城镇、农村居民人均可支配收入分别达到 22678 元、11100 元，分别年均增长 12.3%、11.7%，增速高于经济发展速度。完成棚户区改造 523.7 万平方米、公租房 1600 套、廉租房租赁补贴 2.1 万户，城市集中连片棚户区、国有工矿棚户区改造基本完成；主城区"六横六纵一环"路网框架基本形成。常住人口城镇化率达到 57%，城镇登记失业率保持 4% 以内，创建了东北三省唯一的"全国全民健身示范市"。

"十二五"期间，阜新市累计植树造林 352.7 万亩，森林覆盖率 32.5%，新增城市绿地 28.8 万平方米，城区绿化覆盖率 43.1%，草原沙化治理 116 万亩，新增湿地 15 万平方米，清理整治露天煤场 155 家，生态环境持续改善。

阜新市加速了创新驱动发展。氟化工基地获批省级产业技术创新战略联盟，新设立院士工作站 2 个，新增省级创新平台 1 个、企业技术中心 2 个、名牌和商标 6 个。高新技术企业主营业务总收入增长 10%，积极推进 PPP 模式，阜盘铁路、供热管网改造等 4 个项目被列为省示范项目。

3.3.3　经济转型特征与存在问题

1. 阜新产业转型基本特征

第一，以农产品精深加工为主导发展替代产业。2002 年，阜新市政府以现代农业和农产品精深加工业为主导发展替代产业，通过建设农业园区和引进农业龙头企业两大举措加以实施。2007 年全市改变了以粮食种植业为主的单一农业结构，形成了畜牧业、林果业、特色种植业、设施农业四大支柱产业。2012年阜新拥有农业产业化国家级重点龙头企业 2 家，省级重点龙头企业 26 家，农产品加工业产值占全市规模以上工业产值比重由 2005 年的 12.7% 上升到 27.5%，上升了 14.8 个百分点，成为仅次于装备制造业的第二大产业；农业产业化安置就业 2.8 万人，带动农户 28 万户，成为农村劳动力转移的重要支撑。目前，阜新初步形成了特色鲜明的瘦肉型猪、奶业、肉羊、肉驴、白鹅、花生、杂粮等 16 个农业产业化链条，农业产业化格局基本形成。

第二，以矿业集团为主体发展接续产业。阜新市以阜新矿业集团为主体发展接续产业，依托原有煤炭资源延伸产业链：首先，向上游延伸，经营与煤共生、伴生的资源，使现有的资源价值得以充分利用，实现煤层气产业化、矿井水产业化。例如：在已有煤层气（即瓦斯）抽放输送系统年供气能力 1591 万立方米基础上，"十五"期间改扩建成年总供气能力 6580 万立方米；新建 8 座利用矿井水的水厂，年总供水能力达到 2920 万立方米，净化后的水供阜新发电厂作为生产用水。其次，向下游延伸，加大对煤焦化、气化、液化的深加工，发展煤电、煤化工和煤矸石的利用。阜新矿业集团改扩建了城南热电厂，正在筹建新邱矿区年产 60 万吨的煤制甲醇项目；扩建了原有的阜新煤矸石热电厂，又新建清河门 54 万千瓦煤矸石热电厂，并利用煤矸石生产水泥和砖块。

第三，接续—替代产业呈现多元趋势。"十一五"期末，阜新市以煤电为主的单一产业结构调整到以装备制造、农产品加工、新型能源为支柱产业的多元工业格局；到 2012 年，阜新市的煤化工、液压产业、氟化工、农产品加工、皮革产业、新型能源、铸造产业、林产品、新型材料、玛瑙十大产业集群推动了全市的产业结构优化升级，呈现出多元复合的接续替代产业共同发展的新格局，为阜新转型发展注入了内生动力。

2. 阜新产业结构调整十年成效

产业转型是否成功的一个重要的体现是产业结构能否按优化目标发生变化。自阜新转型开始，国家和辽宁省在政策、资金、项目等多方面就给予了极大的支持、引导和援助。2001～2010 年是阜新市转型的第一个十年，数据显示，阜新市地区生产总值由转型之初的 65 亿元增长到 2010 年的 378.9 亿元，十年间增长了 5.8 倍，实现了跨越发展（见表 3-4）。

表 3-4　　　　　　　2000～2011 年阜新市各产业增加值数据

年份	第一产业			第二产业			第三产业		
	增加值（亿元）	增长率（%）	占比（%）	增加值（亿元）	增长率（%）	占比（%）	增加值（亿元）	增长率（%）	占比（%）
2000	9.4	-42.5	14.5	25.3	25.6	39.0	30.3	8.4	46.5
2001	10.7	13.4	15.3	26.6	5.1	38.0	32.8	8.3	46.8
2002	15.5	45.4	18.5	30.6	14.9	36.5	37.7	15.3	45.0
2003	22.5	44.8	22.3	36.1	18.2	35.8	42.2	11.8	41.8
2004	29.5	31.3	24.1	43.7	21.0	35.7	49.4	16.9	40.3
2005	35.5	20.2	24.7	49.6	13.6	34.5	58.8	19.2	40.9
2006	31.7	-10.8	19.5	63.1	27.2	39.0	67.3	14.4	41.5

续表

年份	第一产业			第二产业			第三产业		
	增加值 （亿元）	增长率 （％）	占比 （％）	增加值 （亿元）	增长率 （％）	占比 （％）	增加值 （亿元）	增长率 （％）	占比 （％）
2007	41.7	31.7	21.0	78.6	24.5	39.6	78.4	16.6	39.5
2008	53.0	27.1	21.7	98.8	25.7	40.5	92.1	17.4	37.7
2009	63.7	20.2	22.1	118.6	20.0	41.2	105.6	14.7	36.7
2010	92.7	45.4	24.5	158.5	33.6	41.8	127.7	21.0	33.7
2011	110.0	18.7	22.9	213.5	34.7	44.5	156.8	22.7	32.6

数据来源：根据《阜新统计年鉴（2001~2012）》整理计算。

　　第一产业增加值占比从 2001 年的 15.3% 提高到 2010 年的 24.5%，将现代农业作为接续产业的目标取得了一定的预期效果；第二产业增加值明显增长，平均年增速达 20.1%，高于全省平均水平；第三产业发展增速加快，十年平均增长率达 14.6%，明显高于转型前，但相对于第一、第二产业增速较慢，导致第三产业由转型前的 46.5% 下降到 33.7%，第三产业总体效果不明显。2011 年，阜新市第二产业增幅达到 34.7% 的历史最高水平（见图 3-2），显现出"十二五"期间"工业强市"的发展战略。

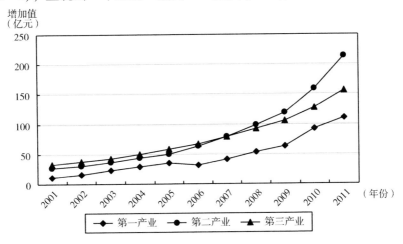

图 3-2　2001~2011 年阜新市各产业增加值变动情况

3. 城市经济转型中存在的问题

第一，经济总量偏小，综合实力较弱。2012 年，阜新市地区生产总值、公共财政预算收入、工业增加值、社会消费品零售总额分别为 553.5 亿元、64 亿元、211.4 亿元和 202.6 亿元，分别占沈阳经济区（见表 3 – 5）的 3.6%、3.9%、2.7% 和 3.8%；占辽宁省的 2.2%、2.1%、1.8% 和 2.2%，经济总量列全省第 14 位，相当于排名前两位的大连市和沈阳市的 8% 和 8.4%，相当于排名第 13 位的葫芦岛市的 78.3%。

表 3 – 5　　　　2012 年阜新市与沈阳经济区地级市经济比较　　　单位：亿元

GDP 名次	城市	GDP	公共财政 预算收入	工业 增加值	社会消费品 零售总额	GDP 占 全省（%）
1	沈阳市	6606.8	715.0	3304.7	2802.2	26.6
2	鞍山市	2628.7	234.4	1240.0	703.7	10.6
3	营口市	1381.2	170.2	770.0	341.4	5.6
4	抚顺市	1242.4	130.1	607.4	455.2	5.0
5	本溪市	1112.4	123.5	608.6	261.2	4.5
6	辽阳市	1010.3	110.2	515.4	283.8	4.1
7	铁岭市	981.4	114.6	457.7	307.9	4.0
8	阜新市	553.5	64.0	211.4	202.6	2.2
—	沈阳经济区	15516.7	1662	7715.2	5358.0	62.6

数据来源：沈阳经济区各市 2012 年国民经济和社会发展统计公报。

第二，工业水平不高，结构偏差显著。根据钱纳里工业化发展阶段模型，阜新市的人均 GDP 和城市化率表现为城市进入工业化成熟期；三次产业结构表现为工业化中期阶段，但是第一产业和第三产业比重不达标，第一产业偏高，第三产业偏低；就业结构表现为工业化中期，但第二产业吸纳劳动力水平仅相

当于工业化初期水平。根据产业结构偏离度和比较劳动生产率
分析，如果国民经济各产业呈完全竞争状态，那么各产业结构
偏离度逐步趋于零，比较劳动生产率逐步接近 1。2011 年，阜新
市三产结构偏离度分别是 + 15.9% 、 − 20.2% 和 + 11.1% ，比较
劳动生产率分别是 0.59、1.83 和 0.75；参照塞尔奎因和钱纳里
模式的标准值，人均 GDP 基准水平为 4000 美元时，三产结构偏
离度为 5.6% 、1.2% 和 − 6.8% ，比较劳动生产率为 0.77、0.96
和 1.16。数据显示，阜新市就业结构与产业结构的偏离程度与
国际经验相差很多，结构转换滞后于经济发展；第一产业的比
较劳动生产率较低，尚有大量剩余劳动力有待转移；二产比较
劳动生产率最高，就业空间较大，需充分挖掘就业潜力；三产
目前就业吸纳空间较小，如果没有新的服务需求的增长，第三
产业就业比重上升难度较大。

　　第三，生态环境脆弱，节能减排压力大。阜新是内蒙古高
原和辽河平原的过渡带，具有半干旱半湿润的特点，生态环境
比较脆弱。多年的煤炭开采导致采空区日益扩大，伴有不同程
度的地表塌陷。几十年的煤炭开采形成的矸石山和粉煤灰堆积
引发的固体污染和空气污染，造成地表水和地下水系严重污染。
城市主要功能区空气质量均属国家Ⅲ，空气质量较差，城市的
发电厂、矸石山、排土场是重要的污染源。从水文土壤条件看，
全市人均占有水资源量 439m³，仅为全省人均占比的 1/2，全国
人均占比 1/5。露天矿停止排矸后，土壤基质主要由露天矿剥离
的表土及表土母质和矸石组成，土壤带有重金属污染及营养缺
乏等症状，土地复垦难度大。在未来阜新市的经济发展中，节
能减排的压力相当巨大。

3.4 阜新市产业转型发展趋势

3.4.1 发展方向——多元转型和高端延伸

中国资源枯竭型城市转型始自阜新，而城市转型发展的核心是产业转型和社会稳定。阜新市的产业转型比较缓慢，或许还要经过很长时间，但前景仍然十分乐观。"十三五"期间，在已有转型成果"三基、六群"基础上，阜新产业发展方向可以朝向多元转型和高端延伸（见图 3-3）。

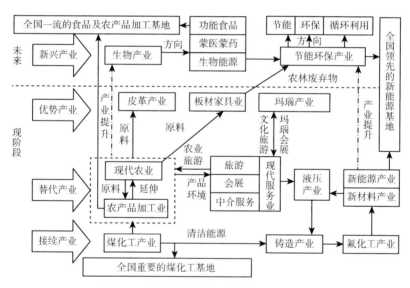

图 3-3 阜新市经济转型与产业体系建构

第一，食品及农产品加工基地。要立足养殖业、花生和玉米种植业以及特色果蔬资源，延伸食品和农产品深加工产业链，打造肉制品、花生和玉米功能食品、特色农产品加工品牌，推进传统农业向现代农业转型。

第二，新型能源基地。要依托蒙东煤炭资源和阜新煤矿改造，加快建设阜新为全省煤炭资源深加工中心，变煤输出为电输出，发展热电联产项目，为沈阳经济区乃至全省提供电力保障；加快推进风能、太阳能、物质能、地热、煤层气、垃圾发电等其他新能源。

第三，煤化工基地。阜新现有煤炭和外埠资源，重点围绕煤制气和煤制烯烃和煤制乙二醇两大系列项目，发展煤制天然气精细化工、煤制天然气副产品、煤制天然气废弃物综合利用链等产业链，形成清洁燃料、有机原料、合成材料三大产品结构。

3.4.2　接续—替代产业空间布局

立足当前阜新市产业发展基础，整合各区域资源，促进产业集群化发展。根据阜新市2县5区的产业特色和发展需求，构建多层次、多元化的产业空间布局（见图3－4）。

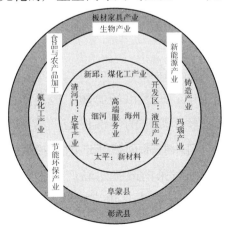

图3－4　阜新市产业发展空间布局

3.4.3　产业转型发展的支撑体系

1. 资金支撑

产业转型需要融入大量资本以满足对新兴主导产业的扶持、支付退出成本、恢复生态环境破坏成本、劳动力转移成本、再就业成本等。阜新市未来转型发展的资金来源：第一，建立资源开发补偿机制。政府要积极引导社会各方参与生态补偿投融资体系，按照"谁投资谁受益"的原则，支持鼓励社会资金参与生态建设和环境污染整治的投资，形成多渠道多形式的补偿方式。第二，建立转型基金。政府给予直接资助和通过优惠政策间接资助；金融机构提供特别信贷，向转岗职工提供低息贷款，为矿区转产项目提供地域同期商业贷款利率的优惠贷款。第三，大力吸引外来投资。利用本区位的丰富资源、充足劳动力、闲置土地等要素吸引接续替代产业的下游企业入驻，吸引转型替代产业的相关企业来阜新投资。

2. 技术支撑

阜新产业转型的生命力和驱动力是技术创新。只有通过先进技术才能降低成本、扩大市场份额、提高产品附加值、延长产业链，从而带动整个城市的经济振兴。第一，建立技术投入机制。提高政府对科学技术创新活动的总投入，可采取直接提供技术创新基金，通过采购政策对新产品提供市场，发展风险投资基金，政府和企业风险共担、利益共享等方式展开投资。第二，强化基础制造和绿色制造工艺。重点支持"三基"企业技术改造，提高工艺、技术和装备水平，鼓励企业进行节能降耗和资源综合利用改造，引导企业利用数字化控制技术和先进适用技术改造传统制造工艺和装备。第三，促进产学研合作机制。在自身科研能力不足时，要充分利用沈阳经济区甚至全国的科研机构和高等院校的优势力量，或者通过政府引导协调，或者以资本为纽带，实现产学研紧密结合，形成区域技术创新主体。

3. 人才支撑

阜新产业转型最大支撑力是高素质的产业工人和技术人员。第一，培育健康的良性的人才发展环境。支持采取期权、技术入股、特殊津贴等灵活的激励措施，鼓励企业引进国际国内高端人才，改善产业高级经营人才、科技人才和技能人才的工作生活条件，努力遏制人才外流。第二，培训原有人力资源。为有意创业的劳动者提供创业机会，对企业原有技术人员，可以通过短期培训等形式，帮助他们补充新知识，改善原有知识结构，推迟专业技术人员的技术衰退期，形成转型中的中坚力量。第三，引进稀缺人才。建立技能型人才培养基地，积极拓宽渠道，鼓励校企联合创办紧缺急需人才培训基地，搭建人才创业平台。

4. 服务支撑

第一，建立研发平台。发挥转制院所等已有平台为行业的服务功能，充实健全阜新市各行业公共研究机构。第二，建立检测平台。利用液压件/气动件、紧固件及铸造技术等现有检测实验资源，形成一批布局合理的第三方公共检测实验平台，专业化的检测/试验和服务能力。优先支持在产业集聚区建立公共检测实验平台。第三，建立产需对接平台。深化配套企业与主体企业的战略合作关系，依托行业协会，建设若干跨行业、跨地区的产需对接平台，促使集群企业与主体企业形成有效的供应链，提升产业发展的效率与效益。第四，建立金融服务平台。鼓励金融要素市场、金融机构在商业可持续和风险可控的情况下，围绕接续替代可持续发展，充分利用现有政策，拓宽企业融资渠道，健全信用担保体系，开发贸易融资、应收账款融资等金融产品，创新服务模式。鼓励优势企业上市融资。

5. 用地支撑

第一，加大土地复垦力度。对于非农业种植区，可将煤矸石和粉煤灰回填废矿井、塌陷土地用作城市建设和产业园区建设用地；对于农业种植区，新增耕地的大量回填客土可以取自医巫闾山边缘的黄土状母质发育的棕壤，用作农作物种植耕地；煤矸石等废弃物回填复垦土地可种植豆科牧草（紫荆苜蓿），加速新复垦后耕地的改良。复垦后可选择榆树、速生杨、大扁杏和枣树等营造用材林、经济林和生态林。第二，经营采煤塌陷区土地。闭坑复垦不一定要恢复原貌，阜新采煤塌陷地自身特点，采用因地制宜原则对矿区土地集约经营，不能低于原有的生态水平；对坡地还耕种粮；对不适宜发展农作物种植的荒地可根据情况种植林果，形成农业、林业、渔业、旅游业多元复垦模式。第三，提高土地利用效益，发展循环经济。构建"煤—电—煤化工"、"煤—煤矸石—建材"、"煤—煤矸石、粉煤灰—生态复垦"等多元化土地利用循环模式，把经济活动对自然环境的影响降到最低。

6. 就业支撑

第一，大力发展以旅游业为主导的第三产业，扩大阜新就业人口。随着工业旅游、农业旅游和休闲旅游的兴起，利用阜新旅游资源丰富，设计优秀的旅游产品，延长旅游产业链，大力开发周边游和省内游项目。第二，设置下岗职工创业基金，实施优惠的税收政策，鼓励其自主创业，缓解城市转型过程中的人口就业压力。下岗职工的就业基金筹集可以是政府财政当年新增财力中按比例提出的一部分，也可以从失业保险基金中提出一部分。第三，建立职工社会保障制度。对于企业无力提供培训和实施再就业的职工，或者不具备再就业条件的职工，应由政府建立资源型城市转型专项职工社会保障基金，以保障其基本生存需求。

第4章
辽宁沿海战略空间与城市

4.1　辽宁沿海战略空间演变

辽宁沿海经济带位于我国东北地区南部，毗邻渤海和黄海，是国家新兴的战略区域，是东北地区唯一的出海口。辽宁沿海经济带是大连、丹东、锦州、营口、盘锦、葫芦岛六城市沿海岸轴线发展形成的城市空间一体化结构系统。

4.1.1　辽宁沿海地区

辽宁沿海地区的城镇发展历史悠久。早在先秦两汉时期（265 年以前），人类活动主要分布在辽河平原、辽东半岛及鸭绿江下游等地，人口集聚多的建制镇有都里镇（大连旅顺）、九连城（丹东）等，这一时期城镇除自然条件优越和自然资源丰富以外，多具有重要的战略地位。两晋明清时期（265～1911 年），辽宁沿海西部地区的锦州、宁远城（兴城），南部地区的盖州、金州、复州城（瓦房店）以及辽东地区的凤城等城镇获得较大的发展，当时锦州、宁远城发展最快。葫芦岛大部分地区设置为锦西（1906 年），隶属锦州府；盘锦南部地区归海城县管辖（1644 年）。随着营口（1861 年）与大连（1899 年）两地相继开港，经济中心由辽西向辽中南沿海地区转移。军阀敌伪统治到新中国成立前期（1911～1949 年），以大连、丹东、营口、锦州四个港口城市为区域节点，辽宁沿海地区初步奠定了点状分散的城镇基本格局。

4.1.2　"五点一线"沿海经济带

新中国成立后，辽宁沿海地区城市发展经历两个阶段：一是改革开放前（1949～1978 年），以四大港口城市为主体进行工业发展，大连和锦州侧重发展重工业，丹东和营口以发展轻工业为主；二是改革开放后（1978～2009 年），盘锦（1984 年）成为省辖市；锦西市（1989 年）升为地级市更名葫芦岛市（1994 年），从而形成了辽宁沿海六大城市空间格局。

20 世纪 90 年代中后期，辽宁沿海地区呈现点—轴整合的发展态势，以海岸线为轴连接沿海城市节点，地级城市成为域内经济增长极。此时的辽宁沿海区域整体性不强，由于地形的限制，大连市没能成为集聚性强的地域中心城市；除大连外，其余五市经济空间布局均朝向内陆发展。2003 年以来，辽宁省各阶段编制的相关规划推动了辽宁沿海经济带空间范围的不断演变（见表 4-1）。

表 4 – 1   辽宁沿海经济空间范围演变

时间及编制单位	规划名称	区域规划范围
2003 年 辽宁省人民政府	《辽宁省城镇 体系规划 （2003～2020）》	辽宁沿海城镇体系分布在三个城市群中，即以大连、营口和盘锦 3 城市为主体构建辽宁南部临海城镇密集区；以锦州、阜新、朝阳、葫芦岛、凌海、北票、凌源、兴城 9 市 9 县构建辽西城市群；以丹东、凤城、东港、宽甸等市县构建辽东边境城镇群。 建设辽宁沿海 3 个都市区和 1 个城市组群，即大连都市区、锦葫兴凌都市区、营盘鲅都市区、丹东城市组群。
2005 年 辽宁省人民政府	《辽宁沿海经 济带发展规划》	辽宁沿海 6 市（大连、丹东、锦州、营口、盘锦、葫芦岛）所辖的 21 个市区和 12 个沿海县市（庄河市、普兰店市、瓦房店市、长海县、东港市、凌海市、盖州市、大石桥市、大洼县、盘山县、兴城市、绥中县），国土面积 3.63 万平方公里。

2005 年，辽宁省为落实中央振兴东北老工业基地的战略部署，《辽宁省国民经济和社会发展第十个五年计划纲要》提出要加快城镇建设，完善城镇体系，走多样化的城镇化道路，整合引导辽中南城镇密集区。2006 年 2 月，辽宁正式颁布《关于鼓励沿海重点发展区域扩大对外开放的若干政策意见》明确提出，加快大连东北亚国际航运中心建设，重点推进"大连长兴岛临港工业区、营口沿海产业基地、辽西锦州湾沿海经济区（包括锦州西海工业区和葫芦岛北港工业区）、丹东临港产业园区和大连庄河花园口工业园区"（"五点"）和一条"西起葫芦岛市绥中县，东止丹东鸭绿江口的东港市"的长 1443 公里的滨海公路（"一线"）建设。

2008 年，辽宁省按照"依托沿海城镇和各类开发区，有序利用宜港岸线及其周边的废弃盐田和荒滩，逐步形成以滨海公路为连接的多个开发区域线状布局，建设辐射和带动距海岸线

100 公里范围内的沿海经济带发展"的原则,新增了 17 个政策
支持区域(大连 8 个园区、营口 4 个园区、锦州 3 个园区、盘锦
1 个园区、葫芦岛 1 个园区),辽宁"五点一线"沿海经济带基
本形成。

4.1.3　国家战略:辽宁沿海经济带

2009 年 7 月 1 日,《辽宁沿海经济带发展规划》获得国务院
批准,辽宁沿海作为整体开发区域被纳入国家战略,完成了规
划意义层面的整合。此次国务院审批通过的规划以辽宁此前提
出的"五点一线经济带"发展规划为核心,将原有规划的范围
进一步扩大。规划期为 2009~2020 年,规划内容从发展基础与
意义、总体要求、空间布局、产业发展、城乡发展、社会事业、
基础设施、开放合作、资源环境、保障措施等方面确立辽宁沿
海经济带 2020 年前的发展方向。

1. 发展优势

辽宁沿海经济带位于我国东北地区,毗邻渤海和黄海,包
括大连、丹东、锦州、营口、盘锦、葫芦岛 6 个沿海城市所辖行
政区域,陆域面积 5.65 万平方公里,海岸线长 2920 公里,海域
面积约 6.8 万平方公里。2014 年末,常住人口约 1782.3 万人,
地区生产总值 13614.7 亿元,人均地区生产总值 76388 元,出口
额 413.4 亿美元。辽宁沿海经济带是东北老工业基地振兴和我国
面向东北亚开放合作的重要区域,在促进全国区域协调发展和
推动形成互利共赢的开放格局中具有重要战略意义。

2. 战略定位

立足辽宁，依托环渤海，服务东北，面向东北亚，建设成为东北地区对外开放的重要平台、东北亚重要的国际航运中心、具有国际竞争力的临港产业带、生态环境优美和人民生活富足的宜居区，形成我国沿海地区新的经济增长极。

3. 主要目标

到 2012 年，空间布局和产业结构进一步优化，地区生产总值和财政收入增长速度超过全国沿海地区平均水平，人均地区生产总值超过 50000 元；自主创新能力显著增强，科技进步对经济增长的贡献率大幅提高；大连东北亚国际航运中心基本建成，对外开放水平明显提升；城镇化率提高到 65%；城乡居民收入显著增长，社会保障体系覆盖城乡，基本公共服务能力增强；节能减排取得明显成效，生态环境全面改善，单位地区生产总值能耗和环境质量接近全国先进水平，基本达到全面建设小康社会的总体要求。到 2020 年，形成以先进制造业为主的现代产业体系，一些重要领域的科技创新能力接近世界先进水平，大连东北亚国际航运中心支撑作用明显增强，城镇化率提高到 70%，城乡居民收入比 2012 年翻一番，实现基本公共服务均等化，单位地区生产总值能耗和环境质量达到全国先进水平，初步形成人与自然和谐相处的局面，率先实现更高水平的小康社会目标。

4. 空间布局

进一步提升大连核心地位，强化大连—营口—盘锦主轴，

壮大渤海翼（盘锦—锦州—葫芦岛渤海沿岸）和黄海翼
（大连—丹东黄海沿岸及主要岛屿），强化核心、主轴、两翼之
间的有机联系，形成"一核、一轴、两翼"的总体布局框架。

2009 年 9 月，东起丹东境内的虎山长城西至葫芦岛市的绥
中县的辽宁滨海大道全线通车。辽宁沿海经济带完成了地理交
通意义的整合，北接沈阳经济区及东北内陆地区，南望山东半
岛蓝色经济区，东临朝鲜半岛，西连京津冀城市群，形成了 6 市
18 县（市）242 个镇的群带型城镇空间格局（见表 4 – 2）。

表 4 – 2　　　　　　　　　辽宁沿海经济带城镇体系

	副省级城市与计划单列市	地级市	县级市	县/自治县
辽宁沿海经济带	大连市		瓦房店市、普兰店市、庄河市	长海县
		丹东市	东港市、凤城市	宽甸满族自治县
		锦州市	凌海市、北镇市	义县、黑山县
		营口市	大石桥市、盖州市	
		盘锦市		大洼县、盘山县
		葫芦岛市	兴城市	绥中县、建昌县

4.2　辽宁沿海经济带城镇空间结构

4.2.1　城镇群空间组合特征

2009 年辽宁滨海大道通车以后，辽宁沿海经济带城市间的
基础设施建设取得了突破性进展。随着丹东—通化、丹东—海
城、丹东—庄河、庄河—盖州、盘锦—阜新等高速公路的建成

通车，增强了经济带区域内外的空间通达性，促使辽宁沿海六城市从概念上的地理接近转向功能上的空间融合，城镇空间组织模式表现为圈层结构、轴线结构和网络化结构特征。

1. 圈层空间结构

随着新城、新市镇的大量兴起和城市区域的深度发展，城市空间分布的集聚程度和城市之间关联程度越来越紧密，辽宁沿海经济带逐步规划形成了以大连市为中心、普兰店—瓦房店—庄河等多城镇组合的大连都市区；以锦州为核心、葫芦岛为副心，与凌海和兴城等城镇组合的锦葫兴凌都市区；以营口为中心、盘锦为副心，依托鲅鱼圈港口，发展大石桥—盖州—大洼—盘山等城镇构建营盘鲅都市区；以丹东为中心，集聚东港—凤城—宽甸等城镇形成丹东城市组群，城镇体系等级规模结构日趋完整。

2. 轴线空间结构

辽宁沿海经济带城镇发展的轴线空间结构特征非常明显，依托交通干线延伸，大城市主要分布在锦葫、大营盘、丹大3条主要发展轴上，由滨海大道和沈山铁路、盘营高铁、沈大铁路以及丹大高速、盘海营高速、京沈高速等交通线连接，构成"N"形空间格局以及城镇和产业集中分布的带状区域。城镇空间的线性延伸促进辽宁沿海经济带的船舶制造与配套产业、石化产业、装备制造业、食品加工业等主导产业和45个产业园区的沿海空间轴线布局。

3. 网络空间结构

重大基础设施的协调和对接以及跨区域公共基础设施的共

建共享是区域城镇体系整合的必要条件和前提。从辽宁沿海六市以及四大都市区规划看，高速公路网络和快速有轨铁路网络的建成与通车，六城市的空间可达性更为便捷，四大都市区之间的整合进一步加深，辽宁沿海经济带与沈阳经济区、东北东部城市带、京津冀城市群的交流合作更加便捷，促使辽宁沿海经济带城镇网络空间连接紧密。

4.2.2　城镇空间布局特征

1. 城镇空间重心向海转移

2005 年"五点一线"概念提出后，辽宁省在沿海地区先后布局了 29 个重点发展和支持区域。2009 年辽宁沿海经济带上升为国家战略以及滨海大道全线通车，一批新城、新市镇沿着海岸线崛起。从沿海六市的城镇数量看，大连、丹东、营口的城镇数量减少，主要原因是一些沿海城镇与主城区合并。例如，布局在滨海大道沿线的大魏家镇（现属大连市金州区）、炮台镇（现属瓦房店市区）、复州湾镇（现属普兰店市区）、皮口镇（现属普兰店市区）、明阳镇（现属庄河市区）、九寨镇（现属盖州市区）等先后由普通小城镇演变成重点镇，之后合并为所属大中城市的城区，规划为城区重点发展空间。由此可见，辽宁沿海经济带城镇地域空间分布重心由陆向海转移。

2. 城镇等级分布结构趋于完善

由于城市职能的加强和社会经济的发展，辽宁沿海经济带的城镇体系等级规模不断调整，以行政中心为主的城镇等级系列得到进一步完善，形成了"副省级城市—地级市—县级市—县—中心镇——一般镇"的行政等级系统和"特大城市—大城市—中等城市—小城市—镇"的人口规模等级系统（见表4-3）。

表4-3 辽宁沿海经济带城镇等级结构

行政等级		规模级（万人）	城镇数量（个）	城镇名称
副省级市		>200	1	大连
地级市		50~100	5	丹东、锦州、营口、盘锦、葫芦岛
县级行政区	县级市	>20	10	瓦房店、普兰店、庄河、东港、凤城、凌海、北镇、大石桥、盖州、兴城
	县/自治县	>7.3	8	长海、宽甸、黑山、义县、大洼、盘山、绥中、建昌
中心镇		>3	40	复州城、老虎屯、安波、皮口、黑岛、青堆、大长山岛、前阳、孤山、赛马、通远堡、宽甸、灌水、黑山、新立屯、义州、七里河、双羊、安屯、大业、中安、沟帮子、熊岳城、芦屯、万福、水源、沟沿、高坎、大洼、田庄台、沙岭、高升、太平、高桥、绥中、万家、高岭、建昌、沙后所、东辛庄
一般镇		>1	202	松树、得利寺、万家岭、许屯、永宁、谢屯、红沿河、李官、仙浴湾、瓦窝、元台、徐岭、荷花山、大营、长岭、塔岭、城山、栗子房、吴炉、蓉花山、光明山、仙人洞、大郑、王家、双塔、四平、沙包、星台、獐子岛；浪头、安民、汤池、同兴、五龙背、楼房、九连城、汤山城、金山、硼海、红石、毛甸子、长甸、永甸、太平哨、青山沟、牛毛坞、大川头、青椅山、杨木川、虎山、振江、步达远、大西岔、八河川、双山子、长安、十字街、长山、北井子、椅圈、黄土坎、马家店、龙王庙、小甸子、菩萨庙、黑沟、新农、宝山、白旗、沙里寨、红旗、蓝旗、边门、东汤、石城、大兴、爱阳、弟兄山、鸡冠山、刘家河、四门子、青城子；娘娘宫、大虎山、八道壕、小东、无梁殿、白厂门、半拉门、四家子、芳山、励家、胡家、姜屯、绕阳河、常兴、新兴、太和、刘龙台、大榆树堡、稍户营子、九道岭、高台子、瓦子峪、头台满族、石山、余积、班吉塔、沈家台、三台子、右卫、阎家、新庄子、翠岩、大市、罗罗堡、常兴店、正安、闾阳、廖屯、赵屯、青堆子、高山子；路南、

续表

行政等级	规模级 （万人）	城镇 数量 （个）	城镇名称
一般镇	>1	202	柳树、边城、红旗满族、高屯、沙岗、九寨、卧龙泉、青石岭、暖泉、榜式堡、团甸、双台、杨运、徐屯、什字街、矿洞沟、陈屯、梁屯、旗口、石佛、建一、高坎、虎庄、官屯、汤池、博洛铺、周家、黄土岭、永安；二界沟、东风、新开镇、田家、清水、新兴、西安、新立、荣兴、王家、唐家、平安、赵圈河、胡家、石新、东郭、羊圈子、古城子、坝墙子、陈家、甜水、吴家；钢屯、虹螺岘、金星、台集屯、寺儿堡、新台门、宽帮、大王庙、前所、前卫、荒地、塔山屯、高台、王宝、沙河、小庄子、西甸子、八家子、喇嘛洞、药王庙、汤神庙、玲珑塔、大屯、曹庄、郭家、红崖子、徐大堡

资料来源：根据辽宁省城镇体系规划文本（2003～2020）和辽宁统计年鉴（2012）整理。

3. 城镇空间发展轴趋于连续

20世纪90年代开始，铁路和高速公路成为区域商品流通通道和经济发展的命脉，辽宁沿海地域空间主要以沈大铁路、京哈铁路、沈大高速和京沈高速为城镇发展轴线，沿海城市的快速联系依托省会城市的放射状交通线路。21世纪伊始，盘海营高速（2002年）、沈丹高速（2003年）、丹庄高速（2005年）、辽宁滨海大道（2009年）、丹海高速（2011年）、丹通高速（2012年）、丹大快速铁路（2015年）、沈丹客运专线（2015年）等全线通车，使辽宁沿海经济带城市间的高速公路和高速铁路等交通网络基本打通，打破了辽宁沿海经济带发展轴断续分割的格局，形成了从丹东市至葫芦岛市沿鸭绿江、黄海、渤海的城镇空间连续发展轴。

4.2.3 地域空间形态特征

城市是人类在自然环境基础上改造形成的。辽宁沿海经济带城镇的选址和发展受各种自然条件的限制，城镇空间的形态结构和扩展方向在一定程度上受制于地形条件。

1. 城镇空间地貌形态以平原、河谷为主

辽宁沿海经济带城镇主要位于辽河平原以及辽东半岛和辽西山地的山麓平原、河谷地区，按照城镇地貌类型特点可以划分为滨海城镇、三角洲平原城镇、低山丘陵河谷城镇三类（见表4-4）。广义上，辽宁沿海六城市都属于滨海城市，从具体的地貌成因看，盘锦和营口位于辽河三角洲冲积平原，丹东位于辽东半岛的鸭绿江河谷，锦州和葫芦岛濒临渤海，大连濒临黄海和渤海。

表 4 - 4　　　　　辽宁沿海经济带城镇地形分类

城镇地貌类型	地貌形态的空间功能	城　镇
滨海城镇	冲积海积平原，适合现代城市发展	大连、锦州、葫芦岛、普兰店、瓦房店、庄河、绥中、兴城
三角洲平原城镇	地形平坦、具有足够的建设空间，适合现代城市发展，便于城市规划与布局	盘锦、大洼、盘山、营口、盖州、大石桥、东港
低山丘陵区河谷城镇	城市空间拓展和城市用地发展方向受制于地形	丹东、凤城、宽甸、凌海、义县、北镇、建昌、黑山

2. 城镇空间组合类型以组团式、轴带式为主

辽宁沿海经济带城镇地域空间组合形态主要分为两种类型：

轴带式和分片组团式。轴带式城镇组合形态是由中心城镇或区域沿着某种地理要素（交通道路、河流及海岸等）扩散，区域城镇沿一条主要伸展轴发展，城镇沿轴带间隔分布，呈"串珠状"发展形态；分片组团式城镇空间形态主要受地形、经济、社会、文化等因素的影响，若干个城镇积聚成组团，呈分片布局形态。

三条轴带式城镇组合形态：一是以锦州和葫芦岛两市为中心，沿着京哈铁路、滨海大道、京哈高速公路等交通轴线，分布的"绥中—兴城—葫芦岛—锦州—凌海"等城镇；二是沿着沈大高速公路等交通轴线分布的"大连—普兰店—瓦房店—盖州—大石桥"等城镇；三是沿着盘海营高速公路轴线分布的"盘山—盘锦—大洼—营口—大石桥"等城镇。

两组分片组团式城镇组合形态：一是以大连市为中心构成的瓦房店、普兰店、庄河等城镇组团；二是以丹东市为中心构成的东港、凤城、宽甸城镇组团。大连城镇组团和丹东城镇组团受辽东半岛地形限制，城镇布局较为分散，若干城镇散落在半岛地势平坦的沿海平原或山间谷地，形成分片布局形态。

4.2.4 地域空间生态特征

1. 绿色滨海廊道贯通城镇聚落

廊道是指不同于两侧基质的狭长地带。根据绿色廊道的结构与功能，可以分为绿带廊道、绿色道路廊道、绿色滨水廊道。辽宁沿海经济带的滨海大道是一条带状绿色滨海廊道，连接了28 个生态功能区、13 处省级以上自然保护区和 140 处景观，使辽宁沿海 2000 平方公里的低产或废弃盐田、盐碱地、荒滩和1000 多平方公里可利用滩涂，以及 1000 公里的宜港岸线得以有效连接，避免了聚落的剧烈活动造成的景观和物种的破碎化，基本形成了辽宁沿海经济带景观生态的空间连续。

辽宁沿海经济带滨海廊道的连通，为辽宁沿海城镇居民提供了良好的居住环境，维护和强化了区域自然山水格局的连续性，保护和建立了多样化的乡土生境系统和海岸自然形态，恢复了区域大型自然斑块和湿地系统，有效结合了城市绿地系统和区域景观格局。

2. 城镇聚落斑块集聚度较好

斑块是指一个均质背景中具有边界的连续体的非连续性，具有空间非连续性和内部均质性。城镇聚落斑块也称引入嵌体或人类的居息地。辽宁沿海经济带各市域范围的土地利用类型、开发强度、生态环境状况存在着区域差异，其城镇地域空间分布较为集中，除营口和盘锦市以外，其他城市的聚落斑块占地面积均低于10%（见表4-5）。

表4-5　　辽宁沿海经济带各市土地类型分布比例（%）①

城　市	耕　地	生态用地	城　镇	未利用地
大连市	46.22	44.04	9.67	0.08
丹东市	28.72	68.47	2.46	0.35
盘锦市	52.38	14.23	10.8	22.62
锦州市	62.85	28.07	7.98	1.09
葫芦岛市	39.06	56.16	4.70	0.08
营口市	35.71	51.77	12.09	0.42
辽宁沿海经济带	42.83	48.33	6.90	1.95

---

① 资料来源：高吉喜等：《加强区域生态保护推进辽宁沿海经济带协调发展》，载于《中国发展》2010年第10卷第5期。

3. 自然保护区大型斑块分布广泛

辽宁沿海经济带区域整体环境状况良好，林地、草地和水域等生态用地面积近 2.8 万平方公里，约占区域总面积的 50% 左右。生态环境质量方面存在显著差异，其中丹东市林地分布范围广泛，各种生态用地面积达到 70%；葫芦岛市和营口市各种生态用地面积达到 50% 以上；大连市生态用地面积比例基本与整个沿海经济带平均水平相当，盘锦市和锦州市的林地、草地和水域等生态用地分布仅占各自国土面积的 14.23% 和 28.07%（见表 4 - 5）。在生态功能分区基础上，辽宁沿海经济带建立了以自然保护区为主体、以国家森林公园、风景名胜区等为辅助的自然生态保护体系（见表 4 - 6）。

表 4 - 6　　　辽宁沿海经济带国家级和省级自然保护区

序号	自然保护区名称	地点	面积（公顷）	主要保护对象	始建时间	级别	类型
1	辽宁蛇岛老铁山	旅顺	14595	蝮蛇、鸟类	1980.8	国家	野生动物
2	辽宁仙人洞	庄河	3575	赤松、柞树	1981.9	国家	森林生态
3	大连斑海豹	旅顺 - 瓦房店	909000	斑海豹	1992.9	国家	野生动物
4	大连成山头海滨地貌	金州	1350	喀什特地貌	1989.4	国家	地质遗迹
5	辽宁白石砬子	宽甸县	7467	原生型红松针、阔叶混交林	1981.9	国家	森林生态
6	丹东鸭绿江口湿地	东港市	101000	沿海滩涂湿地及水禽候鸟	1987.7	国家	海洋海岸
7	辽宁医巫闾山	北镇市、义县	14000	天然油松林、动植物	1981.9	国家	森林生态
8	辽宁双台河口	盘山县、大洼县	128000	丹顶鹤、黑嘴鸥等多种水禽及其赖以生存的湿地环境	1985.9	国家	野生动物

序号	自然保护区名称	地点	面积（公顷）	主要保护对象	始建时间	级别	类型
9	大连长海海洋珍贵生物	长海	1103	刺参、皱纹盘鲍	1985.4	省级	野生动物
10	凤城凤凰山	凤城市	2600	长白、华北植物区系交汇地带珍稀物种	1981.10	省级	森林生态
11	锦州义县古生物化石	义县	23800	古生物化石	1999.4	省级	古生物遗迹
12	葫芦岛红螺山	连山区	10500	水曲柳、黄菠萝、狼	2003.9	省级	森林生态
13	葫芦岛白狼山	建昌县	12448	天然次生林	2001.7	省级	森林生态

资料来源：根据中华人民共和国环境保护部网站整理（截至2009年底）。

在辽宁省的自然保护区构成中，66.7%的国家级自然保护区集中在沿海地区（见表4-7），辽宁沿海经济带城镇发展的生态空间体系比较完善。

表4-7   辽宁沿海经济带自然保护区基本情况

自然保护区	全省（个）	经济带（个）	比例%	全省面积（公顷）	经济带面积（公顷）	比例%
国家级	12	8	66.7	936405	902724	96.4
省 级	27	5	18.5	830976	54560	6.6
市 级	32	19	59.4	775054	339923	43.9
县 级	24	6	25.0	100466	48301	48.1

资料来源：根据中华人民共和国环境保护部网站整理。

4.3　辽宁沿海经济带城镇化发展现状与问题

我国新型城镇化思想萌发于2003年党的十六大，此后被不

断赋予新的内涵,党的十八大则进一步从国家的发展战略高度
对新型城镇化进行了全面谋划。伴随着"中国特色城镇化道路"
到"新型城镇化道路"的理念变迁,城镇化已经逐渐成为我国
全面建设小康社会的重要载体。2014 年,《国家新型城镇化规划
(2014 – 2020)》的编制更是从顶层设计视角诠释了"以人为本
的新型城镇化"将成为我国经济和社会发展的一个重要战略
选择。

4.3.1　城镇化发展现状特点

1. 人口城镇化水平呈下降趋势

人口城市化水平通常用城镇人口与常住总人口之比为口径
衡量。改革开放前,辽宁省人口城市化水平一直处于全国各省
区第一位,1982 年已达 42% ,比广东省高出 23 个百分点。
2006 ~ 2012 年,辽宁沿海经济带户籍人口城镇化率由 46.5% 提
高到 50.1% ,大大高于我国同期由 32.5% 提高到 36% 的城镇化
水平,常住人口城镇化率达到 55.2% 。这一阶段,以城镇化为
主线综合改革不断进展,农民工市民化的户籍改革进程加快,
城乡统一基本公共服务均等化不断实施,城镇化发展水平不断
提高。2012 年后,由于出现经济下滑、人口负增长以及劳动人
口迁出比例增大等因素,辽宁沿海经济带人口总数呈现下降趋
势。目前,辽宁沿海经济带总人口在全省占比 42% ,常住人口
城市化率为 52% 左右,低于全国 57.35% (2016 年)水平。

2. 土地城镇化水平增长较快

随着经济发展的拉动和新型城镇化进程的推动,辽宁沿海

经济带建成区面积不断增长，其中公路、产业园区、新城、开发区等相关区域建设水平的不断提升成为建成区用地扩张的主要驱动力。2009～2012 年，经济带建成区由 610 平方公里扩建到 804 平方公里，土地城镇化率（建成区占区域土地面积比重）从 1.06% 增长到 1.40%，年均增速为 9.6%（见表 4 - 8）。

表 4 - 8　2009～2012 年辽宁沿海经济带土地城镇化水平（%）

地区	2009 年	2010 年	2011 年	2012 年
大　连	2.05	2.05	3.1	3.14
丹　东	0.35	0.35	0.35	0.5
锦　州	0.68	0.72	0.72	0.73
营　口	1.8	1.8	1.89	2.1
盘　锦	1.42	1.45	1.5	1.72
葫芦岛	0.65	0.69	0.72	0.77

从土地城镇化水平看，2012 年大连市最高，为 3.14%；丹东市最低，为 0.5%。从 2009～2012 年的土地城镇化年均增速看，大连为 15.2%，丹东为 12.7%，锦州为 2.3%，营口为 5.4%，盘锦为 6.6%，葫芦岛为 5.7%（见图 4 - 1）。

3. 城镇化滞后工业化发展

城市化的内在动力是经济发展，区域经济总量的提高和经济结构非农化都将促进城市化深入推进。2009 年，辽宁沿海经济带地区生产总值 7613.7 亿元，占全省 GDP 的 44.7%；2014 年国内生产总值为 13614.7 亿元，占全省 GDP 的 46.9%，五年年均增长 12.3%，低于辽宁省同期年均增速 13.5% 的水平。2009～2014 年，辽宁沿海经济带人均 GDP 由 4.27 万元增长到

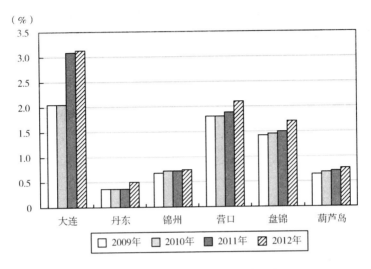

图4-1　辽宁沿海经济带土地城镇化水平

7.64万元，高于全省人均水平（由3.51万元增长到6.52万元），年均增长率为12.3%。

城市发展的历史和经验证明，城市化与经济增长存在着正相关，即城市化水平高的地区和国家，其人均GDP也高，反之亦然。通常，城镇化水平与工业化水平的偏差系数（城镇化率/工业化率-1）为正值，按照钱纳里发展模型，理想状态的城镇化模式应该是工业化与城镇化同步推进、协调发展，城镇化率与工业化水平之比的合理范围在1.4~2.5，表明城市化发展与工业化发展相适应。

2006~2012年，辽宁沿海经济带户籍人口城镇化率与工业化率比值在1~1.1，按常住人口计算，2012年二者比值达到1.4，步入合理范围区间。然而截至2016年，由于人口城镇化率降低，辽宁沿海经济带的城镇化滞后于工业化发展（见表4-9）。

表4－9   辽宁沿海经济带城镇化水平与工业化水平比较

指标、项目	2006 年	2007 年	2008 年	2009 年	2010 年	2011 年	2012 年
工业化水平（%）	44.3	45.7	47.5	44.2	46.2	47.2	46.9
城镇化水平（%）	46.5	47.1	49.0	49.8	52.8	49.7	50.1
城镇化率/工业化率	1.05	1.03	1.03	1.13	1.14	1.05	1.07
偏差系数	0.05	0.03	0.03	0.13	0.14	0.05	0.07

资料来源：根据《2007～2013 年辽宁统计年鉴》整理。

4.3.2   城镇化发展主要问题

1. 区域城镇化水平差异大

从辽宁沿海六大城市的主城区看，除营口和葫芦岛之外，其余4城市的主城区人口城镇化率均超过80%。从市域角度看，除盘锦（69.8%）和大连（62.9%）外，各市的人口城镇化水均不足60%，地级市的城镇化率最值相差38个百分点。从县域角度看，辽宁沿海县（市）城镇化水平都低于40%，最高为普兰店的37.8%，最低为盘山县0.7%；渤海湾沿线的葫芦岛、锦州、盘锦、营口所辖县域的城镇化水平偏低，除了兴城（24.5%）、黑山县（21.1%）和大石桥（22%）外，其余县市均低于20%。辽宁沿海经济带的城镇化水平主要依托大城市主城区带动形成的，而小城镇的城镇化水平停留在低水平层面，一些城镇仍存在"被城市化"和"城中村"的状况。

辽宁沿海经济带城镇化进程多以设市城市的老城区改造、新城新市镇建设、产业园区建设等外延扩展为主。因此，众多的小城镇表现为城镇化水平低，城镇配套辅助功能不够合理，基础设施比较薄弱，城镇投入不足，城镇空间拓展缺乏有效引导。根据城市规模效益的定量理论，小城镇的城镇人口在3万人以下属于低效型规模，只有城镇人口大于3万人，配套齐备的基础设施投入才有效益可言。目前，辽宁沿海经济带建制镇242个，其中83.5%的小城镇人口小于3万人。由于城镇的人口集聚效应不够强，城镇特色不够突出，区域发展仍以粗放式发展为主，缺乏工业支撑，城镇发展布局不平衡，城镇化水平严重滞后。

以大连都市圈为例，2011年，大连是辽宁沿海经济带首位城市，城市首位度为2.69（按非农人口指标计算），存在极化现象；大连主城区人口达297万，人口城镇化率83.1%，所辖4个县市的城镇人口规模约占大连城镇人口总数的26.2%，各县市的城镇化率均低于40%，各县市及所辖37个小城镇的GDP占大连都市区经济总量的35.5%。由此可见，大连市对周边地域带动作用十分有限，小城镇位于圈层空间的最底层，受核心城市的辐射微弱，仍以小城镇、大农村的传统经济发展方式为主。

2. 人口—土地城镇化失调发展

人口—土地城镇化失调是指一定时期内，人口城镇化与土地城镇化之间的定量不匹配关系，即城镇人口增长与土地增长之间出现偏差。为了衡量这种偏差，通常采用离差系数 C_V 来度量。

$$C_V = \frac{S}{|\overline{X}|} = \frac{\sqrt{\frac{1}{2}\left[\left(P - \frac{P+L}{2}\right)^2 + \left(L - \frac{P+L}{2}\right)^2\right]}}{\left|\frac{P+L}{2}\right|}$$

$$= \left|\frac{P-L}{P+L}\right|$$

式中 C_v 为离差系数，S 为标准差，$\bar{X}$ 为平均值，P 表示城市人口年增长率，L 表示城市建成区面积年均增长率。一般情况，离差系数越小，说明城镇人口—土地城镇化失调性越小；反之，说明失调严重。根据离差系数公式，计算辽宁沿海经济带人口—土地城镇化协调性情况（见表 4－10）。

表 4－10　　　　　　　　辽宁沿海经济带城市人口—

土地城镇化离差系数（2006～2012）

地　区	城镇人口增长率（%）	建成区面积增长率（%）	离差系数
大　连	2.02	7.36	0.569
丹　东	0.59	6.42	0.832
锦　州	0.69	1.98	0.483
营　口	1.55	2.84	0.294
盘　锦	2.18	3.18	0.187
葫芦岛	1.01	3.79	0.579
经济带	1.51	5.29	0.556

2006～2012 年，辽宁沿海经济带户籍人口城镇化率年均增长 1.5%，常住人口年均增长 2.1%，城市建设用地年均增长 5.3%，计算得出，户籍人口—土地城镇化离差系数为 0.556，常住人口—土地城镇化率离差系数为 0.428。按照城市人口—土地城镇化失调等级划分标准（尹宏玲，2013，见表 4－11），辽宁沿海经济带人口—土地城镇化整体上处于中度失调等级，盘锦市处于协调发展阶段，营口市处于轻度失调等级，大连、锦州、葫芦岛处于中度失调等级，丹东已经进入严重失调状态。数据显示，经济带的人口城镇化与土地城镇化进程表现不协调，人口城镇化增长速度滞后土地城镇化扩张速度。

表4-11　　　　城市人口—土地城镇化失调等级划分类别

失调等级	极度失调	严重失调	高度失调	中度失调	轻度失调	协调发展
C_V	1，$+\infty$	0.8~1	0.6~0.8	0.4~0.6	0.2~0.4	0~0.2

3. 新型城镇化进入转折点

城镇化水平的提升通常呈现一种S形曲线（诺瑟姆曲线）变动，当城镇化水平处于30%~70%（图4-2中的a点~c点），城镇化则加速发展。城镇化S形曲线b点（城镇化率为50%）对应了刘易斯拐点（工业化进程中农村剩余劳动力向非农产业转移所产生的拐点），即R点的斜率与OL_2的斜率平行，表现为城镇化速度减慢，城镇部门劳动力短缺。只有超越了刘易斯拐点区域，城镇化才能快速进行。借鉴日本经验，1967~1971年间的城市化率在50%以上，出现了刘易斯拐点，其劳动力增长率开始降低，工资增速上涨，在工业化后期增长模式从投资主导向消费拉动转化。

当前，辽宁沿海经济带人口城镇化率为52%，城镇人口年均增幅缓慢。以2006~2012年为例，经济带在岗职工平均工资增速达16.6%；从业人数年均增长仅为3.2%；全社会固定资产投资总额年均增长27%，其中2010年以后投资增速回落至8%；全社会消费品零售总额年均增长达16.7%，其中2010年后消费增速是投资增速的2倍；农业部门在岗在职工平均工资占非农业部门比重由51.6%上升到53.4%，即农业劳动的边际产出与非农部门边际产出差距缩小。数据表明，辽宁沿海经济带城镇化进入了刘易斯拐点，但趋势不明朗，需要未来一段时间继续验证。现阶段，随着劳动力成本上升，辽宁沿海经济带新型城镇化继续快速发展则需要超越刘易斯拐点区域，在经济发展上需

要转变经济增长方式，加大产业结构调整，实行产业优化与
升级。

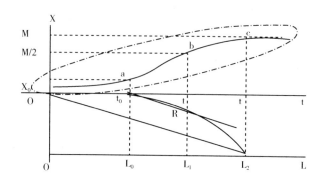

图 4 – 2   刘易斯拐点与城市化转折点对照

资料来源：王宏利等：《中国城市化已放缓的过程及其应对措施》，载于《农村经济》2011 年第 3 期。

4. 区域一体化进程缓慢

辽宁沿海经济带上升为国家级区域发展战略已有八年，区域一体化进程十分缓慢。表现在典型的城乡二元结构、城市间经济发展差异大、发展轴外围城镇相对落后等方面。

城乡格局呈现典型二元结构。辽宁沿海经济带陆域范围内，既有特大型城市，又有广大的农村地区，出现了大城市、大农村并存的局面，具有典型的城乡二元结构特征，城乡差距较大。2011 年，城乡居民收入表现为：丹东市城乡收入比最小，为1.58；大连、营口、盘锦的城乡差异较小，城乡收入比在 2.0 ~ 2.1；锦州与葫芦岛的城乡差异较大。从恩格尔系数看，城乡差异最大的为盘锦市，高达 7.6 个百分点；大连及丹东均在 5 个百分点以上；营口、锦州及葫芦岛三市的城乡恩格尔系数差异较小，在 1 个百分点上下。

城市间经济发展水平差异大。辽宁沿海经济带六城市的经济综合发展水平，大连市在 GDP、公共财政收入、外商直接投资、进出口贸易总额等方面处于绝对领先地位，分别占辽宁沿海地区的 55.16%、55.11%、68.33% 和 82.41%，比其他五市的经济总量之和还高。营口、盘锦、锦州的经济总量分别占经济带的 10% 左右，而丹东和葫芦岛两市的城市综合发展水平偏低。

散落于发展轴线的城镇被边缘化。辽宁沿海经济带的城镇多集中在滨海平原的交通轴线上，受辽东和辽西的山地地形影响，一些在山间平原和河谷地区分布的城镇聚落远离城镇发展主轴线，建昌、义县、黑山、北镇、凤城、宽甸等县级中心及其所辖小城镇多处于被边缘化的局面。2011 年，建昌、义县、黑山、北镇、凤城、宽甸五县市的城镇化水平分别为 13.7%、15.5%、21.4%、16.1%、28.5% 和 20.9%，GDP 仅占所在地级市经济总量的 9.4%、8.1%、13.3%、10.9%、37.5% 和 19.5%。也就是说，散落于发展轴线之外的城镇缺乏同城化和区域一体化的机会，其城镇的经济和社会发展水平总体相对落后。

4.4　辽宁沿海经济带新型城镇化发展趋势

4.4.1　城镇空间结构优化趋势

城镇空间结构是城镇功能组织在地域空间上的投影，是城镇的各种政治、经济、文化等因素在地域上的空间反映。伴随着日益加快的工业化和城镇化进程，辽宁沿海经济带作为新兴经济增长区参与到国内和国际的经济大循环之中，为了应对新的战略机遇期的各种挑战，增强区域综合竞争力，实现经济、社会与环境的和谐发展，优化城镇空间结构将成为提升辽宁沿海经济带城市化水平的重要支撑。

1. 辽宁沿海城镇空间优化总体思路

以科学发展观为指导思想，坚持规划先行原则、可持续发展原则、结构优化与经济发展协同原则，大力发展"一核两翼"的区域空间结构，增强都市圈核心城市的辐射功能，促进核心城市间互联互通互动，培育多元城市增长空间，构建大中小城市发展网络体系。以大连市为龙头，沿北黄海和环渤海城镇带为两翼的发展空间；以大连、营口、锦州、丹东、盘锦、葫芦岛为一级增长中心；以绥中、瓦房店、庄河为次级增长中心构建辽宁沿海城镇带。

2. 完善城镇空间结构体系

城镇体系的形成和发展是一个历史的动态过程。合理的城镇体系能够促进不同地区中心城镇的转移和变迁，发挥城镇区位优势和中心作用，确定城镇职能分工，促进城镇与地区均衡发展。在区域经济发展达到高水平均衡阶段以前，区域空间的集聚效应大于扩散效应。现阶段，辽宁沿海经济带城市规模呈首位分布，经济处于集聚发展阶段，此时的城镇发展应强化核心城市、强化主发展轴、强化城镇分片组团，打造"一核、一轴、五组团"辽宁沿海经济带的城镇体系（见表4-12）。

表 4 – 12　　　　　　　辽宁沿海经济带城镇空间结构体系

城镇体系	核心城市	主发展轴	城镇组团	超大城市	特大城市	大城市	中等城市	小城市	重点镇
辽宁沿海城镇带	大连市	大连－营口－盘锦	大连都市圈	大连市区		瓦房店普兰店庄河市		长海县	复州城、老虎屯、长兴岛、安波镇、皮口镇、杨树房、莲山镇、明阳镇、青堆镇、仙人洞、黑岛镇
			丹东都市圈	丹东市区			东港市凤城市	宽甸县	前阳镇、孤山镇、北井子、东汤镇、通远堡、长甸镇、永甸镇、赛马镇、灌水镇
			营盘都市圈	营口市区	盘锦城区	大石桥盖州市	大洼县盘山县		太平镇、田庄台、水源镇、沟沿镇、高坎镇、高升镇、沙岭镇、熊岳镇、芦屯镇、万福镇
			锦葫兴凌都市圈	锦州市区	葫芦岛城区	凌海市兴城市	北镇市黑山县义　县建昌县		石山镇、双羊镇、高桥镇、沙后所、东辛庄、七里河、沟帮子
			绥中城镇组群				绥中县		万家镇、高岭镇、前卫镇

说明：（1）重点镇确定在参照 2007 年辽宁省政府确定的 100 个中心镇基础上依托区位和交通拟定；（2）重点镇人口一般在 3 万人以上为宜。

3. 合理规划城镇人口规模

国内外城镇化研究表明，最佳城市人口规模是 50 万 ~ 400 万人，辽宁沿海六城市均在此范围之内。按照《辽宁沿海经济带发展规划》的要求，2012 ~ 2020 年城镇化率将由 65% 增长到 70%。鉴于近年辽宁沿海经济带城镇人口增长缓慢的趋势，未来一段时间人口增幅不会迅速增高，因此，推进新型城镇化应该依托现有水平合理规划城镇人口。

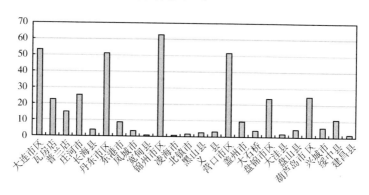

图 4 - 3　2020 年辽宁沿海经济带新增城镇人口预测（万人）

辽宁沿海经济带人口增幅缓慢。2006～2014 年，经济带总人口由 1757.7 万人增加到 1782.3 万人，年均增幅 0.2%，丹东和锦州两市人口出现负增长。如果以近十年辽宁沿海人口最高值的 2011 年为基准年，按照 2006～2011 年的人口年均增幅计算，到 2020 年，辽宁沿海经济带人口规模将达到 1838 万人，如果按《规划》70% 的城镇化率计算，到期城镇人口将达到 1286 万人，比现阶段新增城镇人口近 400 万，其中各大中城市的市区新增人口为 300 万，剩余 100 万新增人口在小城镇（见图 4 - 3）。

4.“廊道串珠型”城市布局向多元中心集约发展

辽宁沿海经济带城镇空间格局较为分散，属于“廊道串珠型”，城镇密度偏低而不利于集约发展。分割辽宁沿海经济带为大连都市圈、营盘都市圈、锦葫都市圈、丹东都市圈、绥中城市组群，加强各个都市圈中心城市集聚程度，实现多元城市中心共同发展，通过中心城市的集聚和扩散效应辐射带动周边重点城镇和一般城镇，同时，加强都市圈中心城市的互联互通互动，形成经济带内区域一体、城乡一体的发展格局。

4.4.2 区域经济空间优化趋势

1. 港口经济协同发展

辽宁沿海经济带拥有辽宁省以及东北地区唯一的港口群，沿海六城市最优发展机遇在于港口、临港工业以及由此衍生的其他产业等方面。为了避免区域产业同构、恶性竞争等问题出现，港口经济发展中的分工协作尤为重要。按照《辽宁沿海经济带发展规划》中强调的"区域发展重点是先进装备制造业"，例如，船舶工业结构和布局的分工是：大连、葫芦岛重点发展大型、高附加值船舶制造及海洋工程装备等产业；丹东、营口、锦州、盘锦积极发展以修船、中小型专用船舶制造为主的各具特色船舶工业。在交通运输设备制造业方面：大连重点发展发动机、城市轨道车辆和大功率交流传动电力机车；丹东、锦州重点发展大中型客车和汽车安全气囊等汽车零部件产业。

2. 产业园区经济主导发展

新型城镇化实施动力源自经济发展，城镇建设的重要保障是经济繁荣，其关键是有主导产业的支持。产业是城镇空间结构良性发展的重要支撑，产业发展水平和质量直接影响着城镇的空间结构、城镇职能，也决定着城镇的吸引力、辐射力。城镇空间结构的优化为园区经济的进一步升级转型提供了物质形态基础和设施保障。辽宁沿海经济带现有大连长兴岛临港工业

区、营口沿海产业基地、盘锦辽滨经济区、锦州滨海新区、葫
芦岛北港工业区、庄河工业园区、花园口经济区、登沙河临港
工业区、长山群岛经济区、皮杨陆岛经济区、丹东产业园区等
11 个产业园区、9 个国家级开发区和 19 个省级开发区，这些产
业园区和开发区通常是连接辽宁沿海城市和乡镇的重要纽带，
也是弥合城乡二元结构的重要支点。

一方面，园区主导产业要依托产业集群与五个都市圈互为
支撑。产业集群是辽宁沿海地区经济腾飞的命脉，是城镇间密
切联系的纽带，是都市圈凝聚的催化剂，能有效调整城镇职能
分工。都市圈能提供产业集群需要的生产要素、社会网络和服
务机构的生存空间，加速生产组织的合作与分工。依据《辽宁
沿海经济带发展规划》中的产业引导，打造特色产业集群，引
导城镇合理分工与协作（见表 4 – 13）。

表 4 – 13　　　辽宁沿海经济带各都市圈的产业集群培育体系

都市圈	主要产业集群（培育）
大连都市圈	高技术产业集群、临港装备制造业集群
丹东都市圈	仪器仪表产业集群、汽车零部件产业集群
营盘都市圈	大型成套设备产业集群、冶金产业集群
锦葫兴凌都市圈	石油化工产业集群、船舶制造与配套产业集群
绥中城镇组群	电子信息产业集群

另一方面，园区产业可以与经济带的乡镇企业紧密结合。
辽宁沿海经济带小城镇众多，这些小城镇的主导产业多为劳动
密集型的农产品加工业，需要依托产业园区获取二次创业机会，
形成具有比较优势的农副产品生产、加工、销售基地，实现农
业产业化。

3. 现代服务业高质量发展

辽宁沿海经济带需要加速发展现代服务业。首先，在中小城镇稳定发展交通运输业、邮电通信业、商业饮食业、物质供销和仓储业等传统服务业，广泛吸纳劳动力容量，提升就业人口比重。其次，在大中城市加快发展金融、保险、房地产、公共事业、居民服务业、旅游业、咨询信息服务业和各类技术服务业等生产、生活性服务业，提高工业的专业化程度和生产的前后向关联度，增强城市服务功能需求，快速提高区域城镇化水平。最后，不断提高教育、文化、广播电视业、科学研究事业、卫生体育和社会福利事业等服务业，这些服务业集中在都市圈的核心城市发展，随着经济增长和人们生活水平提高，这些服务业可以满足人们的精神追求和社会保障，并能塑造辽宁沿海经济带的城市特色和城市文化。

4.4.3 以人为本的城镇发展趋势

1. 塑造以人为本的城市经营理念

辽宁沿海经济带城镇基础设施建设和发展步入了新型发展阶段，各级政府要更新观念、转换职能。放弃"政府有责任提供基础设施，就等于基础设施必须由政府投资"的传统观念，政府无须大包大揽城镇基础设施和社会公用设施项目。政府的作用应体现为资金先导、政策指导、信息引导，充分运用各项政策杠杆，把政府有限的财力与民间潜在的资金实力相结合，按照"大市场、大社会、小政府"的原则来建设城镇。辽宁沿海城市带的基础设施建设仍是未来城镇化的重要指标。政府需要规划并预留好未来所需的建设空间，建立多元共建共管区域的发展体系。探索新型的城市管治模式，以协调好各个等级政府和非政府组织之间的关系，促进都市区之间、城镇之间、城乡之间的协调发展。建立和完善社会保障体系，以满足人们最基本的生存需求，优化人居环境，创造适合现代人居住和创业的城镇空间。

2. 规划可持续发展的城市生态

辽宁沿海经济带的景观生态体系主要包括自然保护区、海岸绿地、河川绿地、风景绿地等区域绿地，这是维护区域生态安全、自然人文特色和城乡环境景观的绿色开敞空间。全域以自然保护区为主要绿地，各级各类保护区达到 38 个，占区域面积的 48%；以林地和农田为主要生态景观，耕地面积占区域面积的 43%。在辽宁沿海城镇带发展建设中，要全面加强生态环境的保持与优化，单体城镇空间发展以紧凑格局为主，群体城镇应形成疏密有致的集约空间。对于城镇主要布局的大营盘主轴、京哈发展轴和丹大发展轴两侧要实现绿化率 100%；对于辽东山区和辽西山地的城镇建设以适度发展和控制发展为主。全面形成以农田及林地为基底，自然保护区为斑块，河流、交通走廊及沿线绿化带为廊道，城镇公园和环城绿带等为节点的区域景观生态体系。

第 5 章
沈阳经济区战略与城市

在国家区域经济版图重构过程中，具有区位和资源组合优势但发展滞后的区域获得了战略性发展机遇，随着国家区域战略政策的推动，被选择的新兴区域有望形成国家区域经济发展格局中的增长极。沈阳经济区于 2010 年获批为国家新型工业化综合配套改革试验区，以沈阳为中心，涵盖了沈阳、鞍山、抚顺、本溪、营口、阜新、辽阳、铁岭 8 个省辖市。按照沈阳经济区总体规划，沈抚、沈铁、沈本、沈辽鞍营、沈阜城际连接带及其新城、新市镇进一步发展，崭新的战略空间将要二次振兴。

5.1 沈阳经济区城镇空间演变

沈阳经济区各城市的资源开发和社会经济发展起步较晚。19 世纪末，只有沈阳是关内外物资交流场所和东北最大的商业、手工业中心。民国时期，沈阳正式设市，成为东北地区中心城市。日本帝国主义占领东北后，辽中南地区的城镇以军火业为核心，发展冶金、机械、化工和煤电等重工业，是全国重化工业最发达地区。新中国成立后，辽宁中部地区的城镇经历了1949～1957 年的计划经济时期大城市规模迅速扩张阶段和1958～1977 年的波动停滞阶段，于改革开放后进入快速稳步发展阶段。

5.1.1   多中心城市发展阶段（1978～1984 年）

改革开放初期，辽宁城镇化水平从 1978 年的 31.7% 提高到1984 年的 39.6%，平均每年提高 1.1%，全省城镇化速度是我国平均水平的 1.5 倍。这一时期，辽宁城市化步入快速发展轨道。辽宁中部地区的城镇化发展动力主要来自国家大规模的集中投资。在计划经济时期，城乡二元结构最大限度地保证了资本的积累率，使辽宁中部以资源型为主的城市群体获得快速的发展，形成了以钢铁工业为核心，包括重型机械、石油化工、电力等部门在内的强大的重工业基地。沈阳、鞍山、抚顺、本溪、营口、阜新、辽阳、铁岭等成为各行政区域的中心城市。同期，以家庭联产承包责任制为代表的农村经济体制改革有力地调动了辽宁中部地区农民的生产积极性，一些乡镇企业的发展推动和促进了中小城镇的建设。

5.1.2   近域城市整合阶段（1985～2004 年）

十二届三中全会通过了《中共中央关于经济体制改革的决定》，标志着国家将经济体制改革的重点转向了城市。1984 年

12 月 4 日，辽宁省以沈阳为中心成立了"辽宁中部城市经济技术协作联合体"，范围包括沈阳、鞍山、抚顺、本溪、辽阳、丹东和铁岭 7 个城市；1994 年 7 月更名为辽宁中部城市群经济区。1995 年辽宁省建设厅组织编制《辽宁中部城市群专题规划》，内容涉及沈阳、鞍山、抚顺、本溪、铁岭、辽阳 6 市。1996 年辽宁中部城市群进行了第一次基本单位普查并于 2004 年进行了第一次经济普查。辽宁省委省政府于 2002 年 6 月提出"辽宁中部城市群总体发展战略与构建大沈阳经济体"，2003 年提出了沈阳经济区一体化发展的战略概念。这一期间辽宁中部城市群的各城市职能类型发生了一些变化（见表 5-1）。

表 5-1　　　　　　辽宁中部城市群职能结构转换

城市	城市类型		特色职能		优势职能		基本职能	
	1996 年	2004 年	1996 年	2004 年	1996 年	2004 年	1996 年	2004 年
沈阳	超大综合性、省际中心城市	全国综合性大城市	交通	制造业	商业	科教文卫	服务	商业
鞍山	省区中心城市	特大中心城市	制造	建筑业	采掘	交通	建筑	—
抚顺	省区中心城市	特大中心城市	采掘	采掘	建筑	建筑	科教	服务
本溪	区域专业化城市	区域大型城市	制造	制造	采掘	交通	建筑	科教
营口	口岸型大城市	口岸综合型大城市	制造	交通	交通	商业	商业	制造
阜新	区域专业化大城市	区域专业化大城市	采掘	制造	制造	商业	教育	教育
辽阳	区域专业大城市	区域大城市	制造	制造	采掘	商业	建筑	—
铁岭	中型专业化城市	中型地区专业城市	采掘	采掘	商业	制造	科教	建筑

资料来源：根据刘海滨等《辽宁中部城市群城市职能结构及其转换研究》（2009）整理。

从整体上来看，沈阳中部城市群是处于概念化的近域城市整合阶段，城市化进程缓慢。1990 年以后，辽宁中部城市群的城镇化进程明显减慢，城市化率由 1994 年的 47.9% 提高到 2004 年的 52.6%，仅提高 4.7 个百分点，平均每年增长 0.47%（见图 5 - 1）。同期全国城镇化率年均增长 1.4%，辽宁中部地区八市的城镇化水平年均增幅仅为全国平均水平的 1/3。

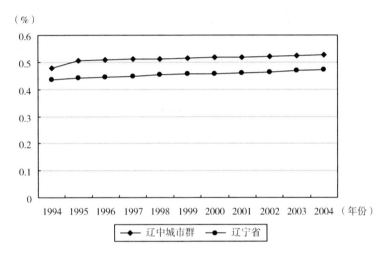

图 5 - 1   1994 ~ 2004 年辽宁中部城市群城市化水平示意

5.1.3   城市群发展阶段（2005 年以后）

2005 年以来，各级政府对辽宁中部城市群发展做出了一系列政策性的规划和协议（见表 5 - 2），表明以政府主导的辽宁中部城市群进入了新一轮的加速生长期。

表 5 - 2　　**2005 年以来关于辽宁中部城市群的相关政策及规划**

层次	相关政策及规划
国家层面	2005 年 6 月 30 日，国务院出台《关于促进东北老工业基地进一步对外开放的实施意见》
	2005 年 8 月 11 日，国务院召开东北资源型城市可持续发展座谈会
	2009 年 9 月 9 日，（国发〔2009〕33 号）《国务院关于进一步实施东北地区等老工业基地振兴战略的若干意见》中明确提出"尽快确定东北符合条件的地区开展国家综合配套改革试点"
	2010 年 4 月 6 日，经国务院同意，国家发展改革委正式批复沈阳经济区为国家新型工业化综合配套改革试验区
省域层面	2005 年 4 月 7 日，鞍山、抚顺、本溪、营口、辽阳、铁岭六市的市长与沈阳市市长正式签署辽宁中部城市群（沈阳经济区）合作协议
	2005 年 12 月，辽中城市群 7 城市签订商贸流通合作协议
	2006 年 6 月，辽宁省委、省政府提出"沈抚同城化"作为加快沈阳经济区一体化发展的突破口、核心和支撑点，扎实推进沈抚同城化
	2006 年 10 月辽中城市群（沈阳经济区）建设列入辽宁省"十一五"规划（草案）
	2008 年，省委、省政府正式明确提出沈阳经济区一体化发展，实施了以沈阳为核心，以 5 条城际连接的交通线为纽带，通过产业优化组合，构筑国际化十大产业集群，建设东北亚地区重要的中心城市的总体战略
	2008 年 2 月 26 日，辽宁省政府批准了由省发改委组织编制的《辽宁中部城市群经济区发展总体规划纲要》
	2008 年 6 月，省委、省政府批准成立了辽宁省沈阳经济区工作领导小组及办公室，正式启动了沈阳经济区申报全国综合配套改革试验区工作
	2008 年 7 月 21 日，省政府召开沈阳经济区第一次工作会议，会议明确将辽宁中部城市群更名为沈阳经济区，将阜新市正式纳入沈阳经济区
	2008 年 7 月 30 日，省政府召开新闻发布会，正式发布《沈抚连接带总体发展概念规划》
	2009 年 5 月 26 日，以"新型产业基地：创新与发展"为主题的沈阳经济区政协论坛第六次会议在铁岭市召开
	2009 年 9 月 8 日，"推进沈阳经济区新型工业化综合配套改革，打造东北新的经济增长极"沈阳经济区书记市长联席会议（第六次）在沈阳召开
	2010 年 1 月 1 日，沈阳经济区内 8 城市取消农业和非农业户口性质，放宽户口迁移限制，实施"一元化"的户籍管理

续表

层次	相关政策及规划
市域层面	2005 年 6 月 10 日，（沈政办发）〔2005〕26 号文件公布：沈阳市人民政府关于做好中部城市群（沈阳经济区）合作协议落实工作的通知、辽宁中部城市群（沈阳经济区）建设工作实施方案
	2006 年 2 月 12 日，沈阳市政府公布了沈阳未来几十年将着力发展的四大发展空间，全面拉开了沈阳全方位建设区域中心城市的新格局
	2007 年 9 月，沈抚两市联手举办沈抚同城化战略高峰论坛，签署《加快沈抚同城化推进协议》

资料来源：相关网站整理。

　　进入 21 世纪，随着东北老工业区的搬迁式改造、新型工业园区和新区的开发建设，沈阳经济区一体化进程随着"国家综合配套改革试验区"的获批而全面启动，沈阳市不断提升区域中心城市地位、拓展城市功能、整合城市空间、发挥核心城市的带动和辐射作用。目前，沈阳经济区初步形成推进新型工业化的制度保障体系，产业结构进一步优化升级，产业布局调整和分工协作进一步合理，初步形成区域经济一体化格局（见表 5 - 3）。

表 5 - 3　　　　　沈阳经济区结构、功能与一体化格局

	新城（规划）	中央商务区	生态景观带	新兴工业区	区域一体化
沈阳大都市区结构	浑南新城 航空新城 浦河新城 平罗湾新城 新城子新城 新台子新城 永安新城 胡台新城 铁西新城 近海新城 细河新城 沙河新城 佟沟新城 康平新城 新民新城 法库新城	金廊（中央都市走廊）	银带（浑河生态景观带）	张士经济技术开发区（国家级） 浑南高新技术产业园区（国家级） 浑南出口加工区 于洪家具工业园区 沈西工业走廊 辽中近海经济区 沈北农业高新区	• 沈抚同城化（启动）沈抚城际铁路通车沈抚城际公交开通沈抚铁电信同城化 • 沈铁一体化（筹措）沈铁城际公交开通 • 沈本一体化（筹措） • 沈辽一体化（筹措） • 沈阳—营口港联动（在建） • 八城公积金个贷同城化 • 八城"一元化"户口管理制度

	新城（规划）	中央商务区	生态景观带	新兴工业区	区域一体化
功能	扩大城市规模，分散中心城市功能	集聚行政、金融商贸、商务、科技、文体休闲等功能	改善城市生态环境	支撑沈阳大都市区的内生发展	增强沈阳经济区内部各城市的关联性

资料来源：根据《沈阳经济区城市发展规划（2010～2020）》整理。

5.1.4 国家战略：沈阳经济区

1. 发展优势

沈阳经济区于 2010 年 4 月被国务院正式获批为国家新型工业化综合配套改革试验区。沈阳经济区位于我国东北地区南部，毗邻渤海，地处东北亚中心地带，与日本东京、韩国首尔、蒙古乌兰巴托、俄罗斯伊库尔茨克处于等距离的辐射线上。沈阳经济区以沈阳市为中心，由沈阳、鞍山、抚顺、本溪、营口、阜新、辽阳、铁岭 8 市组成，区域面积 7.5 万平方公里，占全省 50.8%，总人口 2359 万人，占全省 55.6%，城市化率达到 65%。

沈阳经济区是国家重要装备制造业基地和优化开发区域，是东北地区重要的工业城市群和辽宁省经济发展的核心区域。域内拥有全国闻名的重化工业城市、国家一类对外开放口岸、东北地区最大的航空港、全国密度较高的一小时城际交通网络，是国内外颇具影响力的工业型城市密集区，也是全国建立最早、规模最大、门类齐全、配套完整的重要装备制造业和原材料工业基地，主导产业具有国内领先地位和国际竞争优势。

2. 发展主题

沈阳经济区发展主题是"新型工业化"。通过综合配套改革试验，沈阳经济区将建成国家新型产业基地重要增长区、老工业基地体制机制创新先导区、资源型城市经济转型示范区、新型工业化带动现代农业发展的先行区和节约资源、保护环境、和谐发展的生态文明区。

3. 主要目标

按照党中央、国务院关于走中国特色新型工业化道路的要求，创新体制机制，建现代产业体系，加强城市间的分工协作和功能互补，促进区域经济一体化，把沈阳经济区建设成为具有国际竞争力的先进装备制造业基地、重要原材料和高新技术产业基地，成为充满活力的区域性经济中心和全国新型工业化典型示范区。

4. 空间布局

根据《沈阳经济区城市发展规划（2010～2020年）》，沈阳经济区城镇空间格局基本表现是"一核五带七心多点"，从特征、规模、功能等方面将构建我国新的城市群——沈阳都市圈（见表5－4）。

表 5 – 4　　　　　　"沈阳都市圈"现代城镇空间体系

核心城市	副中心城市	县域城镇	城际连接带	城市节点	
				新城	新市镇
沈阳	抚顺鞍山本溪营口阜新辽阳铁岭	辽中县、康平县、法库县、新民市、台安县、岫岩县、海城市、抚顺县、新宾县、清原县、本溪县、桓仁县、盖州市、大石桥市、阜新县、彰武县、辽阳县、灯塔市、铁岭县、西丰县、昌图县、调兵山市、开原市	沈阳—抚顺	沈抚新城	
			沈阳—本溪	浑南新城、沈阳航空新城、沈溪新城、佟沟新城、太子河新城	姚千户火连寨
			沈阳—辽阳—鞍山—营口	沈阳铁西产业新城、沈阳近海新城、辽阳河东新城、灯塔新城、首山新城、达道湾新城、海西新城、细河新城、沙河新城、汤岗子新城、腾鳌新城	佟二堡望水刘二堡牛庄
			沈阳—阜新	永安新城、新民新城、胡台新城、沈彰新城	大民屯兴隆堡
			沈阳—铁岭	蒲河新城、平罗湾新城、凡河新城、新城子新城、新台子新城、腰堡新城、法库新城、康平新城	清水台

资料来源：根据《沈阳经济区城市发展规划（2010 – 2020）》整理。

5.2　沈阳经济区城镇化发展现状

5.2.1　城镇化水平高，城镇体系完整

1. 城镇化水平高，人口密度低

按"非农指标法"静态分析，沈阳经济区的城镇化水平已经超过 50%（见表 5 – 5），由于户籍政策和统计口径等原因，2010 年的人口城镇化率达到 67.99%，超过全国平均水平 28.3

个百分点；2011 年使用非农人口指标统计沈阳经济区的人口城市率为 52.95%，仍高于全国平均水平 1.68 个百分点；区域人口密度为 315 人/平方公里，同比长江三角洲人口密度 753 人/平方公里和珠江三角洲 553 人/平方公里，沈阳经济区人口密度较低，生态环境压力和就业压力都相对比较小。

表 5 - 5 　　　　　　　沈阳经济区人口城镇化水平

年份	年末总人口		非农人口（万人）	城市化率（%）	区域人口密度（人/平方公里）
	总数（万人）	占全省比率（%）			
2005	2334.8	55.73	1243.6	53.26	311
2006	2343.8	55.67	1252	53.42	313
2007	2354.1	55.63	1256.1	53.36	314
2008	2359.4	55.57	1261.8	53.48	315
2009	2363.5	55.53	1266.2	53.57	315
2010	2363.3	55.58	1606.9	67.99	315
2011	2363.6	55.55	1251.5	52.95	315

资料来源：根据《辽宁统计年鉴（2006 - 2012）》整理计算。

2. 城镇等级规模完整，城镇密度大

沈阳经济区设市城市 15 个，其中包括副省级城市（沈阳）和地级市 8 个、县级市 7 个、县和自治县 16 个、建制镇 338 个，分别占全省的 57.1%、41.2%、59.3% 和 55.7%。城镇密度每千平方公里 4.9 个，按地域划分，鞍山、营口、辽阳、铁岭的城镇密度较高；沈阳、抚顺、本溪、阜新的城镇密度较低（见表 5 - 6）。以沈阳为中心的百公里半径内，汇集了特大城市 1 个、大城市 2 个、中等城市 3 个、小城市 9 个，大、中、小城市占沈阳经济区城市总数的 20%、20% 和 60%，形成了完整的城镇等级规模体系（见表 5 - 7）。

表 5 - 6　　　　　　　　　沈阳经济区城镇空间分布

城市	城镇数量（个）	土地面积（平方公里）	城镇密度（个／千平方公里）	城市	城镇数量（个）	土地面积（平方公里）	城镇密度（个／千平方公里）
沈阳	62	12980	4.78	营口	38	5242	7.25
鞍山	66	9255	7.13	阜新	44	10399	4.23
抚顺	28	11272	2.48	辽阳	33	4774	6.91
本溪	24	8411	2.85	铁岭	74	12980	5.70
经济区	369	75313	4.90				

资料来源：根据《辽宁统计年鉴 2012》计算整理。

表 5 - 7　　　　　沈阳经济区设市城市规模体系（2011）

城市等级	等级标准（万人）	数量（个）	城市	市辖区非农人口（万人）	城市化率（%）
特大城市	300～1000	1	沈阳市区	443.6	83.54
大城市	100～300	2	鞍山市区	127.4	93.67
			抚顺市区	131.4	95.63
中等城市	50～100	3	本溪市区	84.0	84.93
			辽阳市区	64.4	85.99
			阜新市区	60.2	81.24
小城市	＜50	9	营口市区	48.3	53.00
			铁岭市区	35.1	78.88
			海城市	23.7	21.6
			调兵山市	17.4	72.2
			大石桥市	15.8	21.94
			开原市	15.0	25.64
			新民市	11.5	16.48
			灯塔市	11.1	20.9
			盖州市	10.3	14.25

资料来源：《辽宁统计年鉴 2012》计算整理；城市等级依据 2010《中小城市绿皮书》划分标准。

3. 城市首位度高，核心城市辐射力增强

城市首位度在一定程度上反映了首位城市对区域体系内资源的聚集程度。采用杰斐逊的人口规模首位度方法（S = P1/P2，S 代表首位，P1 为最大城市人口数，P2 为第二大城市人口数）。

2011 年，沈阳市的 GDP 达 5915.7 亿元，占经济区 42.4%，占全省 26.6%；人均 GDP 为 81856 元，高于经济区平均水平（58977 元）；除出口总额外，固定资产总额、社会消费品零售总额、地方财政一般预算收入、工业增加值、普通高校数量等指标占沈阳经济区的 40% 以上，占全省的 1/4 左右。用市区非农人口为计算口径，2011 年沈阳经济区的城市首位度达 3.48，如果用市域非农人口为计算口径则为 2.57。数据显示，沈阳市属于中度首位分布（城市首位度指数在 2~4），一方面说明沈阳经济区以第一大城市沈阳为中心，沈阳市对全区的经济发展和经济增长贡献水平远高于其他城市；另一方面说明沈阳市与其他规模等级城市具有明显的聚集经济和规模经济效益。

5.2.2　工业基础雄厚，社会综合发展水平较高

1. 经济发展水平良好

沈阳经济区经济发展水平良好，是辽宁省和东北地区的经济发展龙头。2011 年，沈阳经济区完成地区生产总值 13939.9 亿元（见图 5-2），占全省 62.7%，占东北三省的 30.7%，占全国的近 3%；地方财政一般预算收入 1431.7 亿元，占全省 54.2%；人均 GDP 实现 58977 元，高于全省平均水平，是全省人均 GDP 的 1.13 倍，是东北三省人均 GDP 的 1.45 倍；经济密

度每平方公里为 1858.7 万元，是全省 1.23 倍，单位土地经济贡
献巨大；全社会固定资产投资额、社会消费品投资额、出口额
分别占全省的 56.0%、57.9% 和 27.1%，城市经济的内需市场
活跃。

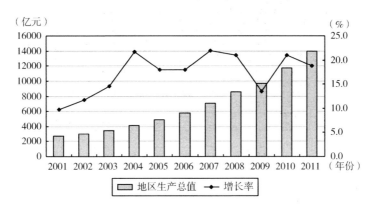

图 5 - 2　主要经济指标绝对值与增长率双线分析图

2. 产业结构稳定

工业化是城镇化的重要推动力，工业化发展水平是一个地
区经济增长的重要起因。2006 ~ 2011 年，沈阳经济区产业结构
总体变化不大，其中第一产业比重呈逐年下降趋势，从 7.49%
下降到 6.76%；第二产业比重由 50.47% 上升到 54.14%；第三
产业比重在 40% 左右徘徊，略有下降，由 42% 下降至 39.1%。
沈阳经济区的工业增加值由 2006 年的 1856 亿元增至 2011 年的
6789 亿元，工业化率由 31.7% 增至 48.7%，年均增加 3.4 个百
分点。2011 年，经济区第二产业从业人员为 334 万人，占全省
二产就业人数的 51.8%。

根据 2011 年与 2006 年三次产业结构对比，沈阳经济区八城
市基本保持第一产业下降，第二产业略微上升的态势，沈阳、

抚顺、本溪、阜新、铁岭五市的第三产业呈下降趋势，其他三
市保持稳定（见图 5－3）。

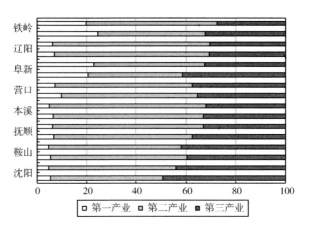

图 5－3 沈阳经济区各城市 2006 年与 2011 年产业结构变动及对比分析

3. 制造业体系完整

沈阳经济区是全国建立最早、规模最大、门类齐全、配套
完整的重要装备制造业和原材料工业基地，主导产业具有国内
领先地位和国际竞争优势，是东北地区工业门类最集中、产业
基础条件最优越、最具发展潜力的区域。沈阳经济区的支柱产
业布局是依托各城市优势产业和龙头企业，重点推进城市群内
的装备制造业、汽车工业、钢铁工业、石油化纤和精细化工等
产业整合，已经形成以冶金、机械、石油、化工、煤炭、电力、
建材等为代表的较完备的重化工业体系，在重工业、机械工业、
装备等产业上表现出明显的集群态势，在沈阳、鞍山、抚顺、
本溪、辽阳和铁岭之间建立了产业链的雏形。

5.2.3　政府主导力强，区域一体化进程快

1. 政府主导促进城镇化

一直以来，沈阳经济区的城镇化是按照以政府主导为动力的自上而下模式发展。在计划经济时期，这种城镇化促进了沈阳经济区各城市的资本积累，加速了城市化的进程。2010 年，以新型工业化为主题的综合配套改革促进了沈阳经济区新一轮政府主导下的城镇化进程。由于合理的拓展城市空间以及有效的引导中心城区人口和产业迁移，沈阳经济区出现了郊区发展与城市中心区繁荣并存现象，这种新型城镇化总体表现是城市发展处于集聚阶段，中心区具有强大的吸引力、仍是城市经济活动的核心；原有劳动密集型、污染严重的工业搬迁至郊区，而向心性强的商业、金融、办公业等第三产业集结在市中心，加强了中心城区的现代化功能；随着土地有偿使用制度的建立，城建大量资金使大中小城市中心获得生机，城市中心区仍然是富裕阶层的生活中心，从而促使各种经济活动特别是商业和休闲娱乐业蓬勃发展。政府对沈阳经济区的新型城镇化发展发挥了明显的促进作用。

在省域层面，辽宁省政府积极地推进城市间的协调与合作。为增进城市之间的沟通与交流搭建了平台，其中包括建立一年一度经济区主要城市联席会议制度；建立协调联络制度，以加强各城市之间政务信息的交流，保证经济区合作协议的落实。在市域层面，各城市在注重自身功能强化与结构调整的同时，也在主动走向区域一体化发展。沈阳作为沈阳经济区的中心城市，一方面通过铁西区改造等措施实现了产业结构调整，通过

五大发展空间建设实现了城市空间拓展与产业重新布局；另一方面通过"金廊工程"建设实现了城市功能的升级以及城市空间的重构，为承担区域中心的责任打下了空间基础。周边城市通过新城、新市镇建设和沈抚、沈本、沈铁、沈辽等连接带建设积极接受核心城市的辐射力，力求实现一体化、同城化。

2. 交通运输网稠密

沈阳经济区是全国公路网和铁路网最为稠密的地区之一，目前基本形成了以沈阳为中心的"一环六射"的现代化综合交通运输网络体系。在铁路方面，沈阳经济区内铁路总里程已达到 2300 公里，有 6 条主要铁路干线贯穿于沈阳，客运量近 6500 万人次/年，货运量 1 亿吨/年；公路方面，经济区八市公路总里程为 23905 公里，密度为每百平方公里 36.8 公里；航空方面，沈阳桃仙国际机场与国内 42 个大中城市和 8 个国际城市通航；港口方面，营口港已同 40 多个国家和地区 130 多个港口建立了运输业务往来关系，拥有 7500 万吨以上的吞吐量。发达的交通网络使沈阳经济区成为资金、人才、商品、信息、技术的交汇之地，密集的运输网络将八城市连为一个整体，为城市群内开展横、纵向联合，实施经济一体化提供了有力保证。

3. 基本公共服务一体化进程快

自 2003 年沈阳经济区战略一体化开始构想到 2010 年国家新型工业化综合配套改革试验区的批复，沈阳经济区已经实现了沈抚同城化、沈抚铁电信同城化、沈抚和沈铁城际公交通车、八城公积金个贷同城一体化等。随着沈阳经济区配套改革的深入，将推进社会保障方面的异地转移和接续改革，使八城市居民的养老、医疗保险实现"异地迁移";推进城乡一体化户籍管理制度,消除人口自由流动的障碍,从而推动人力资本实现更优配置。

5.3　沈阳经济区城镇空间发展问题

5.3.1　城镇化水平滞后与虚高并存

2005~2011 年,沈阳经济区的人口城镇化水平由 53.26% 到 52.95%,几乎处于停滞和衰减状态。然而,根据辽宁统计年鉴计算得出了 2010 年人口城镇化水平为 67.99% (官方 2009 年公布为 65%),这种矛盾现象说明沈阳经济区城市化水平滞后与虚高并存。按照钱纳里的工业化与城市化关系的一般变动模式,沈阳经济区 8 城市的工业化率 (除阜新外) 均超过 37.9%,其城市化率应超过 65.8%。计算数据显示,除本溪和抚顺外,其他 6 市的城市化均滞后工业化。随着沈阳经济区新城、新市镇以及基础设施建设的推进,大量的外来人口进入城区,统计显示常住人口远高于户籍人口。2010 年,沈阳市辖区的常住人口高于非农人口 49 万人,以至于出现当年人口城市化率高于 2011 年 15 个百分点的虚高现象,进城的外来务工人员"被城市化"。

城乡二元经济结构显著。二元性是发展中国家和地区普遍存在的现象,通常用城乡居民收入差异、城乡居民恩格尔系数差异和二元对比系数等指标体系来直观表达城乡居民生活水平、生活质量和二元经济结构差异程度。2011 年,沈阳经济区城乡差异系数为 49.1%,区域总体上刚刚进入由城乡二元结构状态向城乡一体化过渡时期，但是城市间存在差异：沈阳、抚顺、本溪的城乡二元结构比较显著，铁岭市的城乡一体化进程在经济区发展最快。城乡恩格尔系数差异度显示，沈阳经济区整体上城乡居民生活质量差异大、城乡恩格尔系数差异度大于10%（达到11.8%），城乡二元结构特征明显，抚顺市的城乡二元结构最显著（15.13%），阜新、营口则处于二元结构向城乡一体化过渡阶段。根据二元对比系数比较，沈阳经济区二元结构总体水平非常严重，高于一般发展中国家或地区的水平，沈阳、鞍山、抚顺、辽阳四城市的二元对比系数已低于20%，达到最为典型的程度。

5.3.2　城镇发展的市场动力不足

1. 核心城市经济实力不强

经济实力是核心城市发挥龙头带动作用、极化聚集作用和扩散辐射作用的基础和关键。在沈阳经济区范围内，核心城市沈阳的经济总量和发展速度均居于首位，但从全省、全国范围来看，沈阳市的经济总量相对不足。2009年，沈阳市地区生产总值4268.51亿元，低于大连市81亿元、仅是上海经济总量的28.4%、广州的46.7%；大连、上海、广州人均GDP分别是沈阳的1.2倍、1.9倍和1.5倍；同期沈阳市地区财政收入占GDP的比重为7.5%，而大连为9.2%，上海高达16.9%。

2. 第三产业发展滞后

第三产业发展程度是地区经济发展综合水平的重要标志。沈阳经济区的第三产业发展滞后，占比从2006年的42%降至

2011 年的 39%，而农业只有 6.8% 的 GDP 却囤积了 47% 的人口。

从全国省会城市和计划单列市的对比来看，沈阳市第三产业发展表现滞后：首先，第三产业总量不足，占比较小。2009 年全国省会城市和计划单列市第三产业增加值在经济总量中比重的平均水平为 50%，其中北京第三产业占比高达 75.5%，而沈阳只有 45.3%，且 2000 年之后第三产业占比下降了 8.7 个百分点。其次，第三产业内部结构不合理，沈阳服务业主要集中在商贸、餐饮、仓储等传统服务业上，金融、信息服务、物流等现代服务业发展不足，服务业发展水平仍处于较低层次，尽管近几年服务业内部结构有所改善，新兴产业有一定的升级趋向，但还没有成为产业增长的主体，传统部门和一般产业仍是带动服务业增长的主要力量。

3. 装备制造业产业集群外部性有限

沈阳经济区装备制造业发展较快，在整体发展方面还存在诸多问题。首先，经济区多数装备制造企业处于国际装备制造业价值链的低端，自主创新能力较弱，难以为产品升级和高利润攫取提供技术保障。其次，经济区内的行业分工协作格局还未形成，同构现象严重。经济区各城市的企业零部件自制率偏高，如沈阳市的规模企业一般零部件的自制率都在 50% 以上，机床和汽车行业则达到 70% 以上，与周边地区相关产业分工、互动较少，限制了产业链的延伸和区域产业集群的形成，也削弱了城镇化的实际推动力。

5.3.3 宏观设镇制度阻碍小城市合理发展

1. 大城市规模大缺承载力

根据《沈阳经济区城市发展规划（2010～2020）》，未来沈阳经济区要建设 29 个新城和 9 个新市镇，其中 16 个新城在沈阳市域范围内，占新城总数的 55%。这种城镇资源配置的行政化倾向于城市郊区化或逆城市化，从用地规模上加速了"城市大都市区"的形成，但是沈阳经济区八个城市的经济总量、工业化水平、第三产业发展相对不足，对这种扩散型城市化的支撑程度不够。2006～2011 年，沈阳经济区的工业化率年增幅为 0.64%，远远低于国内外典型大都市圈的经济承载力。也就是说，如果沈阳经济区现阶段过快发展新城、新市镇，除了能导致人口向大都市区集中外，工业化的集聚程度并不能积极推动城镇化发展，同时都市区的服务压力会越来越大，最终财力会不堪重负。

2. 小城镇衰落缺吸纳能力

根据 2010 年《中小城市绿皮书》的划分标准，沈阳经济区的营口市区、铁岭市区以及所有县级市均属于小城市（非农人口小于 50 万）范畴，县级市中除了海城市外，其余县市的非农人口均在 20 万人以下。这些小城市行政归属的大城市具有较强的人口规模集聚能力，这在一定程度上削弱了小城市的人口吸纳能力和城镇化发展能力；小城镇是大中城市和农村的衔接点，如果其规模过小，经济集聚能力则会相应降低，市民或农民就业机会就会相对较少，收入水平也会较低，政府的财政收入同样会十分匮乏。这种条件下，小城市将无法充分发挥城市的各种功能，甚至会走向衰落。

5.4　沈阳经济区新型城镇化发展趋势

5.4.1　沈阳都市圈发展空间格局

坚持以中国特色社会主义理论为指导，以解放思想、全面统筹、顶层设计、因地制宜和市场导向为基本原则，按照新型工业化关于科技含量高、经济效益好、资源消耗低、环境污染少、人力资源优势得到充分发挥的要求，以政府、农民、企业为推动主体，以工业化和信息化为内生动力，以城乡统筹、产业园区、专业镇为路径发展多元集约型城镇化模式，增强沈阳建设国家中心城市综合承载能力，完成资源型城市经济转型，构建沈阳都市圈（见图 5-4），全面推进沈阳经济区新型城镇化建设。

5.4.2　新型城镇化的创新驱动力

1. 新型工业化驱动力

以推动产业布局和产业结构优化升级为目标，以增强区域自主创新能力、转变经济发展方式为主线，以打造世界级装备制造业基地、发展高加工度原材料工业为重点，向精深化方向发展，提高产品科技含量和附加值，增强国际竞争力。拉长产业链条，增强产业关联度，依据资源禀赋，在整个区域乃至更

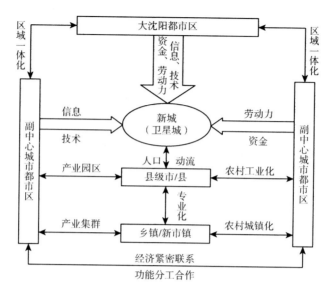

图 5 - 4 "沈阳都市圈"城镇建议结构示意图

大范围内，实现产业链的垂直分工和水平合作，构筑装备制造、石油化工、钢铁、新材料、高新技术、制药业等优势产业集群。大力发展装备制造业的研发、销售、核心部件生产及集成，以沈阳为核心，依托鞍山冶金成套设备、辽阳造纸机械和制药机械、阜新液压和铸造等装备制造业基础，通过引进、吸收和创新，提升自主研发能力，推动高新产业整合，组建软件开发、电子信息制造、环保设备、生物制药、新材料等各类高新产业集团。重点培育高端装备制造业、新能源、新材料、新医药、信息产业、节能环保、海洋产业、生物育种、高技术服务业等九大新兴产业，打造新的经济增长点，用生态安全的绿色产品拉动内需，用循环经济的总体思路构筑区域经济结构，用低耗环保的行为构建新的生活模式，力争沈阳经济区成为全国智能电网建设的先行先试区。

2. 信息化驱动力

推进基础性数据资源库建设。加速推进沈阳经济区通信的数字化、综合化、宽带化和智能化进程，建设一批基础性、综合性、商业性、公益性的信息资源库，实现网络资源和信息资源的共享，全面推进区域信息一体化发展。加强区域信息基础设施建设。统筹和加强信息基础骨干传送网建设，发展和完善以光缆为主、数字微波和卫星为辅的传送网，加快电信宽带接入网和 IP 骨干网扩容工程建设，发展 IP 技术为平台的宽带多媒体通信网。加强经济、人口、自然资源、地理空间、社会保障等基础性资源数据库建设。

实现城市群信息一体化。建设区域性电子政务核心平台，实现各级政府部门互联互通。建设企业信息管理和电子商务平台，为企业提供公共信息服务。建设综合性公共信息交换平台，促进八城市政府间的信息共享。建设区域性信息化人力资源培养合作平台，推进人力资源优化配置。建立区域信息采集中心和信息安全保障体系，实现信息一体化。

3. 快速交通驱动力

一个成熟的都市经济圈不仅内部有发达的铁路、公路、水运和通信网络将各大小城市联为一体，而且还通过海港、国际航空港和现代化信息港与其他地区发生密切联系。沈阳经济区加速实施区内环线、沈阳至康平、沈阳至彰武、彰武至通辽、铁岭至朝阳、西丰至开原、阜新至盘锦、抚顺（南杂木）至草市（辽吉界）、南杂木至旺清门（辽吉界）、桓仁至永陵等高速公路，使之与沈阳绕城、沈铁、沈抚、沈大、沈丹等高速公路构成区域公路主要骨架。着力改善丹霍线、黑大线、京哈线等国道和沈营线、本桓线等省道的通行能力。建立城际间相互连接的公共交通体系，通过整合现有公交和长途客运资源，逐步实现沈阳与周边城市城际公路客运公交化运营，最大限度地实现旅客零换乘，努力打造以人为本的客货运输服务体系。以沈阳地铁为中心枢纽，推进区域城际铁路建设，向外辐射至抚顺、本溪、铁岭、辽阳、鞍山、阜新等城市，形成放射状的城际轨道交通网络。

拓宽航空通道。加快沈阳桃仙国际机场升级改造，拓展新的航空运输通道。扩建沈阳至桃仙机场高速公路、沈阳地铁南延工程、新建机场西出口道路，全面改善机场旅客集疏运条件，强化机场枢纽地位，同时加强营口和阜新机场建设步伐。

提升营口港枢纽地位。营口港是全国沿海集装箱支线港之一，是沈阳经济区内唯一的出海口。要以加快发展港口集装箱、铁矿石、钢铁、油品等大型化、专业化泊位设施的能力和水平为重点。进一步加快港口深水航道、后方疏港公路、铁路设施建设，完善港口现代化服务功能，成为客货兼容、内外贸结合、商工贸并举的多功能、综合性港口。

4. 对外开放度驱动力

加强沈阳经济区与京津冀城市群、山东半岛城市群的经济合作，促进环渤海经济圈的发展。加强与东北腹地的良性互动，连接与东北腹地的综合运输通道，打造高效便捷的东北中部通道（大连—沈阳—哈尔滨—佳木斯—同江）、东北东部通道（沈阳—丹东—图们—抚远）和东北西部通道（沈阳—阜新—内蒙古），密切与东北腹地的联系。加强与长吉图经济区、哈大齐工业走廊的分工协作，围绕国企调整改造，组建跨地区、跨行业、跨所有制的大型企业集团，增强东北经济区综合竞争力。推进与内蒙古东部地区的经济合作，促进要素流动，使其发展成为沈阳经济区重要的能源补给基地。沈阳经济区城市群应以营口港和沈大自主创新示范区为纽带，同辽宁沿海城市群密切联系与合理分工，构建以"沈阳—大连为核心"的双核心城市群，从资源、生态、经济、人口、文化等多方面共建"大辽东半岛城市群"，实现辽宁经济发展整体突破，实现辽宁城市空间结构优化。

5. 新政策驱动力

从国外都市圈的形成和发展来看，成功的都市圈规划和建设都有政府的积极参与。因此，沈阳经济区新型城镇化建设必须依靠各级政府"自上而下"的科学规划、引导与监管。首先，依靠政府参与形成制度一体化。一方面，加强沈阳经济区的组织领导，完善工作机制和市区级政府间的协调机制，坚持和完善各种联席会议制度。另一方面，建立责任机制。实行独立统计制度，建立城乡一体化考评指标，不断创新经济区体制机制、监督服务体制机制、土地管理体制机制、投融资体制机制和人事管理制度等，实现区域制度一体化。第二，不断探索圈域城市合作中的利益分配机制和财政支持政策，清理和协调各市间的税收、行政事业性收费和招商引资等方面的优惠政策，避免因税费政策差异导致的不良竞争。在户籍制度、就业制度、住房制度、医疗制度、社会保障制度等制度改革方面，加强行政协调，实行统一的户籍管理、交通管理、企业管理、人才管理和环境管理。

5.4.3 新型城镇化的产业支撑

1. 加速农业产业化

以农民增收为目标，以现代农业、特色农业为重点，推进农业产业化。推动设施农业、特色农业和都市观光农业建设，加快农业规模化进程。大力发展沈阳经济区设施农业，加快蔬菜、畜禽、食用菌和花卉等产业设施化进程，推进水利化、机械化、标准化的现代农业基础建设，提升产品质量和附加值。大力发展特色农业，重点推进专用玉米、水稻、蔬菜、肉牛（羊）、生猪、肉鸡、鲜蛋、奶牛、水产品等优质农产品生产基地建设，提高基地生产专业化、产业化水平；健全良种引进、培育和推广体系，筛选、繁育优良品种，提高良种覆盖率，提升特色农产品的品质和生产水平。大力发展都市观光农业，开发建设观光旅游项目，不断完善基础设施，挖掘文化内涵，开发旅游线路，形成集观光休闲、文化科普、旅游度假等功能于一体的多层次农业旅游产业，逐步建设一批国家级的农产品精深加工产业集群。

2. 实现新型工业化

通过创新，提升自主研发能力，提高产品制造加工专业化水平。发挥科技中心作用，推动高新产业整合，组建软件开发、电子信息制造、环保设备、生物制药、新材料等各类高新产业集团。发挥各市比较优势，建立基础研究、应用研究、中试基地、成果转化分工合理的区域科技协作联合体，形成协作紧密、结构优化的产业格局。

推进信息化与工业化的融合。把利用信息技术改造和提升传统产业作为信息化与工业化融合的切入点，结合高新技术产业化和技术改造等重大专项工作，实现资源的优化整合；加快现代服务业与先进制造业的融合，鼓励生产性服务业的发展，扶持信息化与工业化融合催生的新型产业，形成新的经济增长点，提升产业核心竞争力。依托沈阳集成电路装备产业园、沈北光电信息产业园、沈阳方大半导体照明产业园、营口富士康科技园、阜新电子工业园、辽阳电子信息材料产业园、东软国家级高技术产业基地、沈阳国家级动漫产业基地，健全工业化与信息化深度融合催生新产品、新领域和新业态的激励引导机制。

3. 培育现代服务业

以加快物流、旅游、金融、信息、会展和中介服务发展为重点，大力发展第三产业特别是现代服务业，全面提升服务业的支撑能力。以沈阳为中心，鞍山、抚顺、本溪、营口、阜新、辽阳、铁岭为支撑，连接国内外城市及口岸的物流大通道。加快物流基础设施建设和物流市场培育，逐步形成高效、快捷、经济合理的现代物流服务网络体系。大力发展旅游业，以沈阳为中心，整合优势资源，优化旅游产业结构。突出文化特色，实施精品战略，打造特色旅游品牌和旅游精品线路，实现区域内旅游业一体化；发展旅游会展经济，整合区域内各类节庆、会展资源；积极开发地方特色的文化旅游资源。加快发展金融服务业，建设沈阳区域性金融中心，健全金融机构体系、培育金融市场、优化金融环境。加快发展信息服务业，加强信息基础设施建设，完善服务功能。逐渐发展总部经济，建设沈北新区文化产业园、辽宁现代传媒产业园等文化创意产业基地。以开展国家级服务业综合改革试点为契机，创新机制，拓展服务业新领域，发展新业态，培育新热点，推进服务业规模化、品牌化、网络化经营。

4. 发展创新产业集群

以各城市骨干企业为主体，以沈阳都市圈范围内的高校、科研机构为技术依托，以县域产业园区为延伸，在推动产业集群规模进一步扩大的同时，不断提升产业的集群创新能力，使产业集群逐步实现向骨干企业辐射带动，配套企业链条完整，具有较强自主创新能力、能够参与国际产业高端分工的创新集群转变，推动主导产业进入以创新优势为基础的高端发展轨道。

第一，先进装备制造产业集群。依托东北大学、中科院自动化所等高校、科研院所技术优势，以机床、集成电路装备等沈阳一批骨干企业为龙头，带动鞍山、抚顺、阜新等市机械装备及其零部件生产企业，采取共建产业技术研发平台等方式，重点强化以数控机床、IC装备、输变电设备、大型石化成套设备、飞机及发动机等为代表的装备制造产业研发能力，打造以沈阳为研发集成总部，大型骨干企业为技术创新主体，国内一流、国际上具有举足轻重地位的先进装备制造产业创新集群。

第二，高加工度的化工产业集群。大力推进沈阳铁西化学工业区、抚顺石油化工产业园、营口向阳化学工业园等园区建设，促进相关优势企业向园区的聚集。以抚顺、辽阳国家重点石化产业基地和阜新煤化工产业基地为依托，打造高加工度的化工产业创新集群。

第三，精品钢材集群。以鞍山、本溪、营口、抚顺等钢铁企业为主体，重点加强精品板材、优质特殊钢、新型建筑钢材生产技术的创新，持续提升装备技术和工艺水平，打造以大型钢铁企业为龙头、以重点高校和研究院所为技术支撑、具有国际竞争力的精品钢材创新集群。

第四，新材料产业集群。加强营口国家镁质材料基地建设，培育一批骨干企业，建立以营口大石桥为核心，连接营口、岫岩、海城镁矿资源深加工产业带。以相关冶金、建材产业为基础，加速构建以纳米技术为代表的新材料产业集群。

第五，现代医药产业集群。通过医药技术公共研发平台和进一步完善华源三药国家中药工程技术研究中心建设，使沈阳成为化学医药、生物医药与现代中药技术研发的中心，本溪成为中药工程化技术开发及技术成果转移扩散的重要基地，构建网络式现代医药产业创新集群。

第6章
智慧空间与城市

　　20 世纪 80 年代以来，国际上先后有数字城市、知识城市、智能城市、智慧城市等系列概念，每一个概念的产生都代表了信息时代的新变化和实践领域的新探索。所有装备了计算机和传感器的物体，不是孤立存在的，而是彼此互联的，这些物体被连接起来就形成了所谓的"物联网"，将推动整个世界变得更小，同时也变得更加"智慧"。换句话说，"互联网 + 物联网 = 智慧的地球"。城市是地球智慧空间的支点，"智慧城市"是互联网和物联网的空间载体，将掀起互联网浪潮之后的又一次科技革命。

6.1　智慧城市实践背景与发展空间

　　2009 年，在北京召开"IBM 论坛"，IBM 以"点亮智慧的地球，建设智慧的中国"为口号加以宣传，并在发布的《智慧的城市在中国》白皮书中定义："智慧城市能够充分运用信息和通信技术手段感测、分析、整合城市运行核心系统的各项关键信息，从而对于包括民生、环保、公共安全、城市服务、工商业活动在内的各种需求作出智能的响应，为人类创造更美好的城市生活"。

6.1.1　国外智慧城市实践背景

国外智慧城市建设最早可追溯到 1992 年，新加坡首次提出了智慧岛计划。对智慧城市的实践，最初是对某个领域的探索（主要是军事及航天领域，对智慧材料的需求），并进一步向环境、交通、建筑等各领域应用扩展开来。近十年，世界上"智慧城市"的开发数量众多，特色鲜明。直至 2010 年，开始在全球掀起了智慧城市建设的热潮，各主要发达国家和新兴发展中国家都已投入到智慧城市建设热潮当中，全球已有 1200 多个智慧城市的项目正在实施中。新加坡、美国、日本、欧盟、韩国等不断加大信息技术在城市管理、服务和运行的应用，着力打造数字和信息技术的"智慧城市"。

2006 年，新加坡启动了"智慧国 2015"（iN2015）总体规划，iN2015 是一个为期十年的发展蓝图，目的是要通过发展 ICT 产业，应用 ICT 技术提高关键领域的竞争力，将新加坡建设成为一个以 ICT 驱动的智能化国度和全球化都市。在 iN2015 中，新加坡提出了四大发展战略：第一，建设超高速、普适性、智能化的可信赖的资讯通信基础设施；第二，开发具有全球竞争力的资讯通信产业；第三，发展精通资讯通信的劳动力，培养具有全球竞争力的资讯通信人力资源；第四，通过创新熟练应用资讯通信技术，推动关键经济领域、政府部门及社会转型。

美国政府高度重视未来 IT 产业发展，力图利用"智慧城市"刺激美国经济的全面复苏，并进一步强化美国的技术优势及对全球经济和政治的掌控。2009 年 9 月，美国中西部爱荷华州的迪比克市与 IBM 共同宣布，将建设美国第一个"智慧城市"，一个由高科技充分武装的 60000 人社区，通过采用一系列 IBM 新技术"武装"的迪比克市将完全数字化，并将城市的所有资源都连接起来（水、电等），因此可以侦测、分析和整合各种数据，并智能化地做出响应，服务于市民。美国马里兰州城市也朝向智慧发展，主要表现包括：只要有屋顶的地方，几乎都有 Wi-Fi 信号；提出"智慧增长"计划，建立步行地区、提供更多的交通选择、社区的归属感和建筑的社区舒适度等；利用物联网技术聚焦于民生与服务，采用增强现实技术进行家庭游戏、城市规划及旅游；用人性化的设计来提升生活品质等。智慧增长计划使马里兰州现在已经停止向外围发展，建立了社区保护工程，并通过退税等经济政策鼓励智慧增长计划的顺利实施。

2006 年，韩国启动了以首尔为代表的智慧城市的建设，被称作 U—City（Ubiquitous—City，理解为无处不在的城市），其主要任务是了解水、空气和交通状况，操控家中的电子电器设备，甚至是追踪未成年子女的动向。2009 年 7 月，日本推出"i—Japan（智慧日本）战略 2015"，旨在将数字信息技术融入生产生活的每个角落，将目标聚焦在电子化政府治理、医疗健康信息服务、教育与人才培育三大公共事业。智慧城市的发展实践表明，发达国家和地区的智慧城市体现在产业转型和社会发展中，发展中国家通常将智慧城市建设作为经济和社会发展的一种手段。

6.1.2　国内智慧城市发展战略空间

2009 年，国务院总理温家宝在北京科技界大会上作了题为"让科技引领中国可持续发展"的报告，报告中诠释了"物联网"、"智慧地球"等概念，标志着"智慧城市"的研究引起了国家层面的重视。

2011 年 9 月初，北京国脉互联信息顾问有限公司发布了《首届中国智慧城市发展水平评估报告》，在对智慧城市的内涵、特征、体系架构、发展规律、内在逻辑及阶段特征等进行全面分析的基础上，选取了规划方案、组织体系、资金投入、示范项目、信息基础设施、用户能力基础、政府服务能力、产业基础、软环境、能源利用与环保等 10 个内在逻辑性较强、数据采集可行性高的评测指标进行量化处理，公布了首届中国智慧城市的领跑者、追赶者和准备者三个梯队。创建中国智慧城市建设"领跑者"城市或市区：北京、上海、广州、深圳、宁波、南京、佛山、扬州、浦东新区、宁波杭州湾新区；"追赶者"城市：天津、武汉、无锡、大连、福州、杭州、成都、青岛、昆明、嘉定、莆田、江门、东莞；"准备者"城市：重庆、沈阳、株洲、伊犁、江阴。

2012 年、2013 年和 2015 年，住建部和科技部先后公布了三批国家智慧城市试点名单，已有 290 个智慧城市试点，构筑了创新 2.0 时代的城市新形态，引领着中国特色的新型城市化之路。

6.1.3 智慧城市的本质与特征

1. 智慧城市本质

智慧城市的核心是以一种更智慧的方法通过利用以物联网、云计算等为核心的新一代信息技术来改变政府、企业和人们相互交往的方式，对于包括民生、环保、公共安全、城市服务、工商业活动在内的各种需求做出快速、智能的响应，提高城市运行效率，为居民创造更美好的城市生活。智慧城市是网络宽带化、管理智能化、产业高端化、应用普及化的城市，是信息时代城市发展的新模式。

2. 智慧城市涵盖领域

智慧城市涵盖的信息通信领域包括：城市信息化、智能交通、医疗信息化、三网融合、云计算、电子政务、物联网、光通信、移动互联网应用、无线网络部署、移动支付等。智慧城市是由不同的层次构成的，包含基础设施建设、信息平台建设及两大类核心应用。

从应用分类来看，智慧城市的核心应用分为两方面：一是居民需求型应用，主要包括电子商务、智能家居、智能建筑、数字教育和数字娱乐；二是政府拉动型应用，包含平安城市、应急管理、电子政务、数字医疗、智能交通、食品安全、智能电网和智能水网等。

3. 智慧城市基本特征

IBM在《智慧的城市在中国》白皮书中，界定智慧城市基本特征：全面物联、充分整合、激励创新、协调运作四个方面，这一界定被中国学者广为接受，可以概括为"数字化、网络化、智能化"。第一，全面物联。用智能传感设备将城市公共设施物联成网，对城市运行的核心系统实时感测。第二，充分整合。使"物联网"与互联网系统完全连接和融合，将数据整合为城市核心系统的运行全图，提供智慧的基础设施。第三，激励创新。鼓励政府、企业和个人在智慧基础设施之上进行科技和业务的创新应用，为城市提供源源不断的发展动力。第四，协调运作。基于智慧的基础设施，城市里的各个关键系统和参与者进行和谐高效地协作，达成城市运行的最佳状态。简而言之，城市空间呈现"数字化、网络化、智能化"。

6.2　中国智慧城市发展路径设计

6.2.1　中国智慧城市发展走向

我国是世界上人口最多的发展中国家，城市数量已达 666 个。在全球金融危机、全球化、能源危机和全球变暖等一系列趋势下，世界发展格局在变，中国也不可避免地受到影响。随着新型城镇化战略的启动和实施，迫切需要探索一系列智慧解决方案和智慧发展空间。目前，中国智慧城市的方向主要体现在以下几方面：

智慧的食品。在智慧的食品安全管理体系下，通过追踪监控系统、生产评估系统、应急制度等措施，保证食品从源头到餐桌的全程安全无污染。市民在选购食品时，只需按下手机键，就可以了解食品的产地、生长状况、营养提示，乃至烹调方式和菜谱建议。

智慧的水资源。利用智慧的水资源管理系统，相关机构可以对城市的各种用水情况进行实时监控，实现对水污染等突发事件的快速响应，同时还可以进行智能调配，保证有限的水资源得到充分的利用，为城市建起更多的无形水库。

智慧的交通。交通部门通过部署智能交通系统，科学、准确、可行地提前预测交通流量，动态管理道路状况，使道路在出现拥堵前能够及时分流，乘客也可以合理地规划出行方式，从而有效缓解交通压力，进而改善环境。

智慧的医疗。通过电子病历和医疗信息整合平台等技术，有效整合各种医疗信息和资源，医生可以随时查阅每位患者的历史病例，从中发现病症规律，确保患者在不同医院得到快速、一致和准确的医护。

智慧的电力。电网中不仅流动着电流，还有信息流，电子系统可以深度挖掘和利用这些潜藏在电网中的信息，建立起清洁发电、高效输电、动态配电、合理用电的智慧电力系统，使电力可以随需配送及使用，不再出现浪费或电力紧缺的情况。

其他智慧发展方向。主要包括智慧教育、智慧园区、智慧企业等，将先进嵌入技术、连接技术、传感技术和海量信息处理技术应用于生活、工作与学习的诸多方面，让城市的基础设施、教育与科技、公共安全、市民服务等进入全新管理与发展阶段。

6.2.2　典型智慧城市的路径设计

在智慧城市的具体建设中，全国各地尚未形成成熟的模式。

由于推进路径的差异，尤其是东部一些发达城市表现出四类的建设路径：全面推动型（宁波）、核心技术驱动型（无锡）、基础设施驱动型（上海）、智慧应用驱动型（佛山）。

1. 智慧上海路径

2011 年 9 月，上海出台《上海市推进智慧城市建设 2011~2013 年行动计划》，提出加快建设以数字化、网络化、智能化为主要特征的智慧城市，主要内容包括：（1）宽带城市、无线城市基本建成；（2）信息感知和智能应用效能初步显现；（3）新一代信息技术产业成为智慧城市发展的有力支撑；（4）信息安全总体实现可信、可靠、可控。通过政府规划引导，推动相关企业重点实施宽带城市、无线城市、通信枢纽、三网融合、功能设施 5 个专项，重点推进城市建设管理、城市运行安全、智能交通、社会事业与公共服务、电子政务、信息资源开发利用等 8 个专项。

2. 智慧宁波路径

浙江宁波在国内智慧城市建设中走在前列。宁波市智慧城市发展重点集中在应用体系、产业基地、基础设施、信息资源开发等方面。第一，推进城市十大智慧应用体系（智慧物流、智慧制造、智慧贸易、智慧能源、智慧公共服务、智慧社会管理、智慧交通、智慧健康保障、智慧安居服务和智慧文化服务）。第二，推进六大智慧产业基地（网络数据基地、软件研发推广产业基地、智慧装备和产品研发与制造基地、智慧服务业示范推广基地、智慧农业示范推广基地和智慧企业总部基地）。第三，推进智慧城市基础设施建设（即信息网络、"三网融合"和信息安全基础建设）。第四，加强智慧城市信息资源的开发利用，包括推进基础平台和数据库建设、健全信息资源开发和共享交换机制、培育信息资源市场等。

6.3 沈大自主创新示范区与辽中南城市群的耦合机理

6.3.1 沈大国家自主创新示范区

建设创新驱动发展示范区和试验区，是实施十八大提出的创新驱动发展战略和建设创新型国家的重要实践与探索，对科技创新、战略性新兴产业、创新驱动发展、经济发展方式转变等方面具有引领、辐射和带动的作用。自 2009 年中关村第一个国家自主创新示范区成立以来，截至 2016 年国家已经批复了 17 个自主创新示范区，基本覆盖了"三大战略"和"四大板块"引领的整体区域布局的核心城市。

1. 辽宁创新驱动示范区的城市选择

2014 年 6 月，国家已经批复了北京中关村、武汉东湖、上海张江、深圳四个自创区。国家支持"东北地区设立国家自创区"，辽宁省政府高度重视，在全省各级智库部门通过各种形式征集关于辽宁自创区的发展和建设问题。辽宁建有国家高新区 8 家、省级高新区 8 家，以高新区作为城市自主创新的先导，从智力资源、技术突破、创新型企业、新兴产业的数量权衡，沈阳和大连更具备建设示范（试验）区的基础和优势。

沈大创新基础相似。沈阳和大连于分别 1991 年获批国家级高新区，从高等院校、国家重点实验室、国家级孵化器、科研院所、高新区企业等智力基础的数据显示，两城市十分接近。沈阳形成了以先进制造技术、电子信息、生物工程、新材料为主导产业的创新体系，在数字医疗设备和自动化机器人生产等方面领先全国；大连形成了以软件与信息技术服务外包为主导产业的创新主体，获得了国家授予软件产业的所有荣誉。

沈大创新得分相似。基于创新过程，结合高新区特点，构建了创新基础、创新投入、创新成果转化、创新成果市场竞争 4 个主层次 11 个次级指标的区域自主创新能力评价体系（见表 6 -1），借助层次分析法（AHP 模型）对沈阳和大连进行自主创新能力的定量评价分析。结果显示，沈阳综合得分为 75.42，大连综合得分为 76.22。数据说明两城均进入自主创新发展的飞跃阶段（大于 75），高新技术产业对城市经济具有拉动作用，自主创新开始实现产业化、商品化和信息化。

表 6 -1　　　　　　　　　　**区域自主创新指标体系**

目标层	主因素层	指标层	沈阳	大连
区域自主创新评价指标体系 A	创新基础 C_1	国家级孵化器占全省比重 C_{11}（％）	24.14	44.83
		世界 500 强企业占高新区企业比重 C_{12}（％）	0.53	1.88
		第三产业增加值比重 C_{13}（％）	44.00	41.70
	创新投入 C_2	科技支出占财政支出比重 C_{21}（％）	3.22	4.41
		IT 从业人员占服务业比重 C_{22}（％）	2.50	6.20
		R&D 人员占科技人员比重 C_{23}（％）	51.50	62.80
	创新成果转化 C_3	科技成果贡献率 C_{31}（％）	59.13	56.18
		专业授权项目比重 C_{32}（％）	52.50	41.20
	创新成果市场竞争 C_4	工业增加值率 C_{41}（％）	23.99	30.99
		全员劳动生产率 C_{42}（元/人）	83807.6	72577.4
		净出口占 GDP 比重 C_{43}（％）	-0.78	0.65

2. 沈大自主创新示范区发展目标

沈大国家自主创新示范区（简称"沈大自创区"）于 2016 年 6 月获批，包括沈阳高新区 27.5 平方公里，大连高新区 13 平方公里。沈大自创区成为"京津冀协同发展"国家战略向"东北振兴"板块延伸的核心地带。

2017 年，辽宁省政府提出"两核驱动、一带支撑、多点辐射"的推进思路，将沈大自创区建设成为东北老工业基地的高端装备研发制造集聚区、转型升级引领区、创新创业生态区、开放创新先导区。两核驱动，指通过建设沈大自创区，充分发挥沈大两市创新优势，强化沈阳经济区和沿海经济带的示范作用，打造辽宁结构调整的创新驱动源泉。一带支撑，指依托沈大高速沿线交通，辐射带动关联产业，打造沈大高新技术产业经济带。多点辐射，指将全省高新区作为沈大自创区的辐射区，实现创新资源在核心区和辐射区之间互联互通，形成多点创新转化的良好局面。

3. 沈大自创区发展规划布局

2017 年 2 月，《辽宁省沈大国家自主创新示范区"三年行动计划"（2017～2019 年）实施方案》，确立了七项重点任务：以装备制造业为重点的传统工业转型升级；培育发展与传统工业互为支撑的新兴产业；构建具有区域特色的新型产业技术创新体系；营造鼓励创新创业的良好生态；加快科技金融结合促进创新发展；集聚创新智力打造"人才特区"；构建大开放、大合作的协同创新格局。

6.3.2　辽中南城市群空间范畴

《国家新型城镇化规划（2014～2020 年）》出台后，国务院陆续批复了 7 个城市群空间以探索新型城镇化道路和促进区域一体化。随着世界城市发展的区域化和群体化空间形态潮流，中国未来将有 20 个城市群空间参与全球竞争和国际分工。

"十二五"期间，辽宁实施了辽宁沿海经济带、沈阳经济区和辽西北三大区域战略引领辽宁全面振兴。"十三五"伊始，辽宁振兴迫切需要建立区域经济增长极，把过于分散的资源集聚起来，带动全省参与大区域的竞争和创新驱动发展，以沈大交通带为发展轴的辽中南城市群成为辽宁经济发展的看点和增长空间。

辽中南城市群是东北地区社会经济发展和城市发育最成熟的一个城市密集区，是区域性城市群。广义上，辽中南城市群是指沈大城镇轴上的沈阳、大连、鞍山、抚顺、本溪、辽阳、营口、铁岭和盘锦九个城市构成的城镇集合体。狭义上指以沈阳和大连为核心，依托沈大交通网络和信息网络，协同鞍山、抚顺、辽阳、本溪、营口五个地级市构建的城镇群，本书指狭义概念的辽中南城市群，亦可称沈大城市群。

辽中南城市群位于我国东北地区最南端，是东北亚战略核心区，是中国早期四大城市群（长三角、珠三角、京津冀、辽中南）之一，是哈大城镇轴上城镇体系发育水平最高的城镇密集区。城市群面积 64350 平方公里，占全省总面积 43.7%；总人口 2456 万人，占全省总人口 57.9%；经济总量 22148.7 亿元，占全省 GDP 的 77.4%。范围包括沈阳、大连、鞍山、抚顺、本溪、辽阳、营口 7 个地级市，新民、瓦房店、普兰店、庄河、海城、大石桥、盖州、灯塔 8 个县级市，康平、法库、长海、台安、岫岩（满）、抚顺、新宾（满）、清原（满）、本溪（满）、桓仁（满）、辽阳 11 个县（自治县）和 251 个建制镇。

6.3.3　辽中南城市群区域特征

1. 人口城镇化水平高

2014 年，辽中南城市群户籍人口城镇化水平 62.01%，常住人口城镇化率达 75.32%，高于全省（67.05%）7.3 个百分点，城市群人口呈稳定增长态势。

2. 沈大交通轴线城市密布

辽中南城市群空间结构是点—轴分布的双核心型城市群模式，沿沈大交通主轴分布着沈阳、灯塔、辽阳、鞍山、海城、营口、大石桥、盖州、瓦房店、普兰店、大连等诸多城市，主要由以沈阳为中心的放射型辽中城市群和以大连为中心的带状城市群组成，城镇密度每千平方公里 4.31 个，是全省大城市密集区。

3. 区域经济总量占比高

2014 年，辽中南城市群经济总量占全省 77.37%，人均地区生产总值 82075 元，高于全省平均值 16874 元，三次产业增加值结构为 5.56∶50.33∶44.11，全年地方公共财政预算收入 2347.3 亿元，固定资产投资额 19001.1 亿元，社会消费品零售总额 9008.8 亿元，居民人均年消费支出 19192 元，外贸进出口总额占全省 86.2%，实际利用外资占比 84.1%，工业总产值占比

77.2%，形成以先进装备制造业和高加工度原材料工业为主的国家级产业基地。

4. 交通基础设施网络通达

辽中南城市群形成了以轨道交通和高速公路为骨干，以普通公路为基础的覆盖城际、城市、城乡的多层次快捷的综合运输网络大通道。公路总里程达 50818 平方公里，其中高速公路里程 2214 平方公里，分别在省内占比 45.3% 和 53.2%。城际高铁覆盖了 100% 的节点城市和 67% 的县。城市群内实现了以沈阳为中心的沈抚、沈本、沈辽鞍营 1 小时通达以及大连到营口、普兰店、瓦房店、庄河等城市 1 小时通达。

6.3.4　自创区与城市群的耦合机理

1. 点轴系统耦合

沈大自创区是以沈阳、大连、鞍山、本溪、营口、辽阳 6 个国家高新区和抚顺省级高新区作为发展的核心区和辐射区，以沈大高速交通沿线为高新技术连接带；辽中南城市群以上述 7 个城市为发展节点，以沈大综合交通线为连接轴。由此可见，自创区与城市群在点和轴的空间布局上完全耦合，能够在新型工业化、信息化以及综合交通等方面实现一体化发展。

2. 产业发展方向耦合

城市是一个多元要素建构的空间组合，其发展的经济核心需要强大的产业支撑。沈大自创区规划发展的装备制造、新兴产业以及新型产业技术创新体系是辽中南城市群赖以优化升级传统产业、加速产业结构性调整提升区域竞争力的核心。辽中南城市群的社会、文化、人才、生态、技术、商贸、物流等丰富资源是沈大自创区智力、金融、创新创业等发展的厚重基础和活力空间，也是自创区经济外部性的拓展空间。新型工业化和现代服务业高端发展促使沈大自创区和辽中南城市群的发展方向完全耦合。

3. 带动区域耦合

沈大自创区和辽中南城市群发展的终极目标都是形成辽宁的区域增长极，带动沈阳经济区和辽宁沿海经济带的快速发展，以创新引领和转变经济增长方式促进辽宁全面振兴，为东北老工业基地增添内生发展活力和动力。

6.4   辽中南城市群智慧发展的问题与趋势

6.4.1   辽中南城市群的发展问题

1. 机制体制矛盾阻碍了国企市场化进程

新中国成立初期，辽宁依托资源禀赋成为"共和国长子"，布局在辽宁的 24 项国家重点项目中有 75% 集聚在辽中南城市群。改革开放近 40 年，辽中南城市群发展的生命力仍然依靠这些国有企业和主导产业。由于企业的体制、资金和政府政策等因素影响，使得大量的国有企业没能及时跟上市场日新月异的变化，大部分国企包袱沉重、改革成本高、遗漏问题多其至严重亏损。企业对政府长期依赖导致缺少自主性和创新性，地方国企与民企之间、国企与国企之间要进行兼并和收购等战略性行为困难重重。这些机制体制的突出问题阻碍了国企市场化进程。

2. 城市群结构性矛盾突出

一方面，传统产业主导，轻重结构失衡。从区域角度分析，辽中南城市群经济结构非常相似，传统产业比重大，高技术产业和新兴产业发展相对缓慢。城市群各市都是以"重型装备制造、钢铁、有色金属或化工等某一种传统产业为主、工业齐全、基础雄厚，形成一系列工业基地"。城市群内高技术产业主营业收入相当于广东的 9%、江苏的 10%、山东的 29%、浙江的 56%；战略性新兴产业占规模以上企业工业总产值的 10.3%，与江苏、上海、广东差距甚远。城市群轻重工业结构表现出很强的"刚性"，重工业比重偏高（80% 左右）、轻工业比重过低。

另一方面，初级产品比重大，配套体系不健全。产业链条短、初级产品比重大、精深加工产品规模小是辽中南工业结构突出问题。在石化行业中，辽中南炼化一体化程度不高，呈现"油头大、化身小"特征，用于生产燃料油的比重过大，严重制约了高附加值的下游精细化工发展。在装备制造业上，产品配套体系不健全，代表辽宁科技水平的大型装备盾构机只能满足 40% 的关键零部件配套，船舶产业设备省内配套率仅 25% 左右，高档数控机床为 40% 的配套率，航空工业某些机型在省内配套率仅占 5% 左右，许多关键部件长期依赖进口，导致主机企业受制于高成本零部件挤压利润，获利空间很小。

3. 区域空间组织联系较弱

一方面，人口和经济集聚度不高。2014 年，辽中南城市群总人口占我国居民人数的 1.8%，低于长三角、珠三角、京津冀三大城市群占比 6.8%、2.4% 和 6.0% 的水平；地区生产总值占我国的 3.5%，低于三大城市群 17%、9.5% 和 10% 的水平；城市首位度 1.23（合理的位序—规模分布值 2），低于三大城市群1.85、1.91 和 1.47 的水平；经济贡献率为 −0.61%，低于三大城市群的 17%、9% 和 10% 水平。由此表明，辽中南城市群的经济发展水平较低，对我国经济增长的贡献在减弱。

另一方面，城市群的整体关联性较弱。辽中南城市群是辽宁省加工工业集中密度最高的区域，沈阳—大连产业带是东北地区产业布局的"极核"。但是，城市群内部空间组织一体化不足，呈现产品市场、服务市场、要素市场分割状态；企业组织结构低度化；城市群缺乏整体规划；城市群的核心部分与周边地区的公共基础设施过度供给和供给不足并存；环境污染难以协调；资源无效配置限制了企业、产业、城市等各个方面的竞争力提升。

6.4.2　辽中南城市群的智慧发展方向

1. 营造国家级城市群发展氛围

促进辽中南城市群纳入国家发展战略，全面推进沈阳经济区和辽宁沿海经济带两大国家战略的实施，支撑东北老工业基地振兴战略，促进城市群内部的一体化和城乡融合，带动辽中南地区的新型工业化、城镇化、信息化和农业现代化协同发展。通过沈大产业带和沈大创新驱动示范区的建设实现辽中南城市经济的深度合作，打破行政壁垒，加速要素资源流动，加强基础设施共建共享，推动区域合作，促进协调发展。把辽中南城市群建设为东北老工业基地振兴的新型空间载体，力争进入国家城镇体系一级城镇群，建设东北亚的核心城镇带。

2. 开拓城市群活力空间

第一，要处理好政府和市场关系。辽中南城市群国有企业比重大，积极发现和培育市场，进一步简政放权、优化营商环境势在必行。减少政府对市场的不合理干预和对市场主体的不合理管制，完善体制机制是推动辽宁新一轮全面振兴的治本之策。公民、法人或者其他组织能够自主决定，市场竞争机制能够有效调节，行业组织或者中介机构能够自律管理的事项地方政府都要退出。能够采用事后监管和间接管理方式的事项，一律不设前置审批，切实向市场、社会让渡职能，并以权力清单、责任清单和负面清单形式界定"三方"职能边界，促使政府把不该干的事情停下来，把应该履行的责任担起来。着力设置有利于开展城市横向经济合作的非政府的协调机构，降低交易成本，形成具有约束力的经济合作多边框架协议，建立监管和仲裁机制，促进体制创新，保证城市间合作与协议有效实施。

第二，政府要提供优质公共服务、维护社会公平转型。辽中南城市群各级政府应将有限的公共资源投入到城市地下管网、养老服务、农村医疗等公共基础设施建设中，通过"PPP（政府和社会资本合作模式）"等形式，撬动社会资本，充分发挥稳增长、保就业、惠民生的促进作用。通过机构整合、政策融合、信息契合，推动第一、第二产业需求与生产性服务业无缝连接，金融业与实体经济有效对接，科技创新政策与产学研用有机衔接。有效设计"物联和互联"的智慧管理。

第三，要构建开放型经济新格局。打破城市壁垒，整合沈大经济腹地。要改变核心城市争夺腹地的局面，使港口城市大连成为辽中南对外开放的门户，强化沈阳与大连核心城市的能级，增强其辐射能力。实现城市群智慧交通网络，加快各城市之间的快速通达性，建立与辽东和辽西北的省内城市联系，加强与哈长城市群、京津冀城市群、山东半岛城市群等国内联系，拓展与朝日韩蒙俄等国际联系。打造沈阳为国家级综合交通枢纽中心，大连为东北亚重要的国际航运中心和东北地区的专业物流中心。

3. 转变经济增长方式，促进产业集聚创新

城市群竞争力的核心是产业竞争力，产业竞争力取决于城市群中各城市间合理的产业布局及产业集群水平。辽中南城市群是我国最重要的重化工业基地，其大中城市以装备制造和原材料工业为主导产业延续了几十年。转变经济增长方式，就是要延伸主导产业链条，大力发展新兴产业和高新技术产业。立足以装备制造和石化为主的国企改革，提升核心竞争力，构建企业品牌。合力打造以整车与零部件、民用航空整机及零部件、船舶制造、钢铁深加工、IC装备制造、数字医疗设备、工业自动化等为主的高端制造核心技术，形成沈大经济带大、中、小、微制造企业高度集聚区。合作开发软件与服务外包、新能源汽车、菱镁新材料、化工新材料、服装与纺织、生物产业等为主的接续替代产业。

4. 促进人才集聚，开拓创新驱动力

辽宁90%以上的高校集中在辽中南城市群，也可以说集中在沈阳和大连两市。利用人才优势实现创新驱动发展是提升本区竞争力的关键。以政府创新为引导、企业创新为主体、人才

创新为动力、技术创新为目标，实现创新驱动模式。采取团队
引进与核心人才引进等方式，继续深入实施"引进海外研发团
队计划"和"凤来雁归"工程，推动高端创新人才向辽中南聚
集。完善创新人才激励机制，加大科技奖励力度，调动人才的
积极性和创造性。依托"高等学校创新能力提升计划"，突破高
等院校内外部体制机制壁垒，释放人才、资源等创新要素活力，
积极鼓励企业与高等院校、科研院所建立多元化合作关系，建
设优势互补、利益共享、风险共担的产学研战略联盟，提升辽
中南城市群自主创新水平。

6.4.3　辽中南智慧试点城市的发展规划

2013～2015 年，国家颁布的国家试点智慧城市包括辽中南
的大连、沈阳、营口、庄河、新民五市，依托这些城市的智慧
发展，全面支撑和带动城市群的智慧发展空间。

1. 智慧沈阳和智慧大连

沈阳市和大连市是辽中南城市群的两个核心。经过多年的
发展，两城在信息化、现代化、智能化等方面均取得了先进成
果，作为自主创新示范区和国家首批智慧城市试点，二者需要
齐头并进，各有侧重。

沈阳"智慧城市"建设以智慧产业为基础，依托以大数据
及云计算、互联网、物联网、移动互联网等新一代信息技术，
发展移动智能终端、机器人、智能网联汽车、互联网金融、智
能制造、智能交通等，构建以大数据产业为核心的基础智慧产
业、智慧产品制造业、智慧服务业和提升型智慧产业，形成

"一核四业"全方位智慧格局。

大连"智慧城市"建设以城市基础设施（尤其是信息基础设施建设）和城市信息资源、知识资源管理为主，着力实现城市基础设施智慧化、经济与产业智慧化、政府运营决策智慧化。到 2016 年，智慧大连基本建成以下一代信息基础设施建设及智慧交通、智慧城管、智慧口岸、智慧卫生、智慧教育、智慧社区、物联网产业促进和北斗卫星应用产业发展等重点工程为支撑的智慧城市基础框架。到 2020 年，城市智慧化建设效果全面显现，城市竞争力明显提升，大连市成为市民幸福安全、经济高端健康的东北亚智慧名城。

2. 智慧营口——智慧港口服务

以鲅鱼圈区为智慧营口发展的战略基点，构建信息化与城镇化、生态化、工业化深度融合发展的新模式。与深圳市迪威视讯股份有限公司合作建设跨境贸易电子商务服务平台，构建跨境贸易电子商务服务平台全国运营中心。

在产业发展上，引进中国华信贸易结算中心、中铁物资集团区域贸易结算中心、跨境贸易服务平台等一批项目，全力打造金融资产交易中心，推动城镇化与信息化深度融合，深入实施港区联动发展战略，突出物联网和金融服务网络建设，推动智慧港口和智慧产业的协调发展。

在公共服务领域，建立社区工作站，搭建社区管理服务平台，全区 43 个社区开通辽宁省就业专线网络，构建"12358"业务处理平台；12 个试点社区建立电子健康档案，成为全省首个实施健康卡的试点县区，建设区、镇处、社区（村）三级政务信息资源共享交换平台，促进信息资源综合开发利用不断深化，加快建设基础信息网络和重要信息系统安全监测预警全覆盖，实现网络和信息安全保障体系。

3. 智慧庄河——智慧城管与智慧农业

庄河市隶属大连市，位于大连市和丹东市之间的北黄海沿岸县级市。户籍人口城镇化率 26.2%，经济总量占大连市7.5%，在全省县域经济综合实力排名第 4 位，全国百强县第 29位。在智慧城市发展中，庄河可依托城市管理和农业作为智慧发展方向。

庄河的"智慧城管"是利用信息技术手段，对数字城管在充分保留原有资源优势的基础上，形成整体创新的运行模式。通过"城管通"采集、车载视频传输、热线电话受理等三种途径，实现庄河城管各单位业务系统信息互联和实时交换。成立庄河市智慧城市信息处置中心，整合发展安监、药监和智慧城管平台，逐步推进庄河市数据和资源共享建设，为大数据和云平台建设奠定基础，进一步加快智慧庄河建设步伐。

庄河的"智慧农业"是依托大连生态型现代农业示范区为目标，大力发展循环、生态、有机、特色、品牌农业和海洋经济。着力构建绿色生态现代农业体系，大力发展蓝莓、草莓、番茄等特色产业，利用科技发展设施农业，创建苹果产业转型升级高产高效示范基地，提高农业机械化水平、粮食产能和优质率，确保粮食安全。着力发展海洋经济，加快培育互联网＋现代渔业和休闲渔业、海洋文化产业、海洋生物医药等海洋新兴产业，积极探索开发海洋资源、发展海洋经济新模式。

4. 智慧新民——智慧社会事业和公共服务

新民市隶属沈阳市。2015 年，全国首个完整版智慧城市公共信息平台大数据中心及智慧公安指挥中心正式在沈阳新民上线试运行。智慧新民公共信息平台大数据中心的建成为全市进一步智慧发展奠定良好的基础。

"智慧新民"主要是以社会事业和公共服务的相关项目为主，为新民市的民生、经济发展提供坚实快捷平安的环境。例如，加速智慧公安项目建设，充分利用信息化手段，使信息采集更加规范、全面，数据采集质量大幅度的提高，实现跨警种、跨地区信息共享，形成全警采集、全警应用、全警共享的公安信息化应用格局。

6.4.4 辽中南智慧城市建设需要注意的问题

智慧城市是继数字城市之后，信息化时代城市发展的高级形态，是城市发展的趋势。我国各地大力推进智慧城市，并将物联网作为战略性新兴产业之一。从智慧城市的相关研究梳理可以看出，中国的智慧城市发展处于探索阶段，沈阳和大连的智慧城市发展刚刚起步，辽宁省其他城市的智慧发展多数处于规划阶段。由于受到各地政府的推动，实践中不免会出现推进过急的现象，因此智慧城市发展中需要注意以下几个问题。

1. 高度重视"智慧城市"对信息安全的影响

从形式上看，"智慧城市"是 IBM 公司（国际商业机器公司）的一种营销手段和产品促销策略，是其应对金融危机展开的一项自救措施，具有战略前瞻性和超前性。辽中南地区新型城镇化水平参差不齐，需要从战略层面上高度重视"智慧城市"对区域信息产业和信息安全带来的影响。"智慧城市"的可感知、互联互通和智能化意味着一切更加透明、更容易被操控，由此带来的安全风险也更难以估量，所以辽中南智慧城市规划与实施要循序渐进。

2. 构建具有自主知识产权的"物联网"

智慧城市的发展将给我国 IT 产业带来冲击，运用"智慧城市"的理念就意味着接受别人的技术、产品、管理方式和运行模式，这无疑挤占了我国 IT 产业自主创新的生存空间和市场份额。在辽中南城市群中，沈阳和大连两市主导的 IT 业蓬勃发展，两城市对外技术依存度很高，因此其智慧城镇建设要依托区域经济社会发展的实际需求，有计划、有步骤地选择一批重点城镇、重点项目或产业实施，立足提高自主创新能力，加强核心基础技术的攻关，避免被动发展。

3. 提高生活质量实现和谐发展

辽中南的新型城镇化建设进入转型期，将智慧发展与新时期城镇化建设相结合是实现可持续发展的一项重要内容。辽中南智慧城市建设不能照搬西方经验，也不能将智慧城市简单地理解为进行信息网络基础设施投资、发展物联网和云计算，需要结合自身新型城镇化的发展优势，做好前期调研，做好评价标准制定，把智能技术融入辽中南各城市居民便捷的生活之中，实现经济、生态与文化的和谐发展。

第7章
产业集聚空间与城市

7.1 产业集群理论

自 19 世纪初以来，区域经济空间研究经历了经典区位论、空间结构演化论和新空间经济学三个发展阶段。20 世纪 80 年代以后，产业空间发展和产业集群成为新经济空间领域研究的主要内容。产业集群，英文文献称之为 local clusters of enterprises 或 industrial clusters，我国的相关文献中有"企业集群""产业群""企业簇""产业簇群"等称谓。

7.1.1 产业集群理论研究溯源

对产业集群研究最早可追溯到亚当·斯密，他在《国富论》中提到的分工协作理论包含着产业集群的一些经济思想；从纯经济学和传统经济地理学角度研究产业集群理论则源于马歇尔的规模经济理论和阿尔弗雷德·韦伯的产业区位理论；之后，弗朗索瓦·佩鲁的增长极理论、苏联的地域生产综合体理论、迈克尔·波特的集群理论等都对产业集群理论的完善作出了很大贡献。

迈克尔·波特对产业集群的影响力最大，他最先提出了产业集群概念，1990年在《国家竞争优势》一书中正式提出，"产业集群是指在某一个特定的区域，大量联系密切的企业以及相关支撑的机构在特定地区集聚和发展，并形成强劲、持续的区域竞争力的现象"。他从产业的竞争优势角度来分析产业集群现象，认为国家内的特色产业能持续创新和升级主要取决于生产要素条件、需求条件、相关支撑产业和厂商结构战略与竞争，这四个要素形成"钻石体系"理论，四要素因地理集聚而相互增强。波特指出，一个国家在国际上成功的产业，其企业在地理上呈现集中的趋势。

波特（M. Porter，1998）以地理集中和相互联系界定了产业集群，认为竞争优势是区域经济集聚的发展动力；随之克鲁格曼（P. Krugaman）提出报酬递增、运输成本和需求的相互作用是区域空间集中的动力机制；伯格曼（F. E. Bergman）与弗塞尔（F. J. Feser）则从外部经济、技术创新、区域合作与路径依赖等方面阐述了空间聚集理论。

7.1.2　产业集群内在机理

产业集群的优势在于它拥有非集群企业无法比拟的区域经济持续竞争力，其内部发展机理表现在网络化结构、创新化发展和外部性经济上。

1. 网络化结构

产业集群实质上是地方生产网络、知识网络和社会网络在特定地理位置的集中，相互依赖。产业集群的形成一般都有一个主导核心企业，通过该主导核心企业的衍生、裂变、创新与被模仿而逐步形成产业集群。在集群发展过程中，企业之间不断地分工细化和提高专业化水平，形成专业化部门、辅助性生产企业、流通企业和服务机构。产业集群中各组织之间合作持续交互作用，企业相互依赖，从而形成生产网络、知识网络和社会网络，并使企业在整体竞争中占有优势。

2. 创新化发展

集群创新是以产业集群为基础结合规制安排而组成的创新网络与机构，使知识在集群区域内创造、储存、转移和应用。集群内同类企业争夺同一市场，同行相互比较，必然在价格、质量和产品差异化问题上展开竞争与合作，推动技术的不断创新。产业集群的聚集效应吸引了大量前后向联系的企业、中介机构、教育和研究部门以及互补产品的生产商，这为企业的技术创新提供了必要的技术支撑以及所需的物质基础，形成了技术创新和进步的环境。一家企业采用了新的技术和管理方法，其他企业易于就近模仿，使得专业人才和熟练工人方便交流技艺、集中提高水平，加大人才的选择性和流动性。因此，产业集群内的同类企业、同类或相近专业的技术人员的聚集，营造了技术创新的氛围；产业集群加速了技术、管理知识的交流和创新。

3. 外部性经济

基于专业化分工合作和知识溢出，产业集群中企业可以实现外部规模经济与范围经济。产业集群内企业通过共同使用公共设施，使外部规模经济带来生产资料的节约。产业集群能吸引大量劳动力向该集群转移，使单个企业节省搜寻工人的时间和费用；同时，劳动力的空间聚集能提高劳动者自身素质、降低劳动力成本。产业集群内劳动力的自由流动，不同企业职员之间的相互接触，促成了信息、技术的交流与扩散，节省了搜寻信息的费用。集群内只要有一个企业取得突破性创新，其他企业就容易预测或把握渐进性创新，这样可以降低技术创新的成本。产业集群所在区域一般都形成了实质性工业园区和与产业配套的专业化市场，集群区域的原料和产品进出都达到了规模批量，具有显著的规模效应。

7.1.3　产业集群形成路径

1. 市场路径

当交易费用很大时，市场被分割成规模有限的条块，整个经济空间为众多分布于不同区域的厂商和分散的规模有限的市场所覆盖。当交易费用逐渐下降，分立的小规模市场趋于融合，厂商和劳动力在更大规模的市场区域形成集聚。市场的扩大和厂商的集聚，导致加工各环节与前期供料、后期销售等的专业化分工体系出现。专业化分工与交易费用下降推动了市场扩张，使更多的厂商以更低的成本规模生产和开发细分产品，从而使产业链不断分解、拉长，产品越做越精。这种"市场扩张—生产专业化/产品细分—外部经济加强—厂商集聚—市场扩张"的循环累积效应，最终导致较大规模的产业集群形成。浙江永嘉县桥头镇纽扣产业集群是产业集群形成市场路径范例。

2. 成本路径

企业"扎堆"能使各自的成本不断下降，是促进产业集群形成的重要基础。首先，由于企业的集聚带来的交易费用的节约，直接降低了企业的运行成本。其次，竞争对手的存在，迫使企业不断降低成本，改进产品与服务，获得比较成本优势。再次，竞争对手的集聚将通过专业化分工获得外部规模经济，区域经济的外部性增强，企业成本下降。聚集企业的成本下降将激励更多的企业在本地出现，而更多企业的集聚将进一步增强区域经济的外部性，企业成本进一步降低，从而形成"企业集聚—专业化分工/区域经济外部性增强—企业成本降低—企业集聚"的循环累积效应，较大规模的产业集群形成。浙江省苍南县金乡镇标牌产业集群是成本路径集群。

3. 政府路径

世界上绝大多数产业集群是一种"自组织系统"，即通过企业的衍生等方式逐步自发形成。但作为一种经济发展战略的产业集群，地方政府在产业集群的形成中仍然发挥较大作用，完全可以通过正确的认识、规划、引导培育产业集群的形成。政府通过降低产业交易费用、引导专业化分工、提升产业经济外部性等非直接干预措施，可以培育一个具有竞争优势的产业集群形成。印度班加罗尔软件产业集群和台湾 IC 产业集群是政府路径指导下的产业集群。

7.2　产业集群的空间布局态势

7.2.1　国际产业集群空间布局

产业集群是一种普遍的空间经济现象，发达国家的产业集群现象十分明显，无论是高科技产业集群，还是传统产业集群都取得了巨大的成功。产业集群的普及与蔓延，使当今的世界经济版图形成了色彩斑斓块状明显的"经济马赛克"，世界财富的绝大多数都是在集群内创造出的。

在美国，有硅谷 IT 产业集群和波士顿 128 公路的微电子业集群、克利夫兰的油漆和涂料集群、加利福尼亚的葡萄酒集群、底特律三大汽车整车厂及配套零部件产业集群等。在德国，有图特村根的外科器械集群、斯图加特的机床集群等。在意大利，专业集群达到近 200 个，其中 70% 以上集中在制造业领域，其国内 30% 以上的就业和 40% 以上的出口都依靠专业集群来实现。在法国，布雷勒河谷是著名的香水玻璃瓶制造业集群，它是欧洲香水瓶制造中心，占全球 80% 香水瓶的市场份额。亚洲的日本、韩国、印度存在着发育程度不同的产业集群。在拉丁美洲的巴西、墨西哥等国，大约有 1500 个城市都有集群发展计划。非洲和东欧的一些国家也有各类集群存在。

7.2.2　国内产业集聚空间形态

在国内，产业空间集聚成为区域经济活动的重要特征和主要驱动力。从区域布局看，浙江、广东、江苏、福建和上海等省市的集群规模发育良好。浙江省的产业集群程度全国最高，"一乡一品"、"一县一业"已成为浙江区域经济发展特色，广东省产业集群集中在玩具、食品、服装、电子、家电以及陶瓷等诸多行业。2000 年开始，以王缉慈为代表的国内学者开始研究产业集群式发展的创新、区位、战略、竞争优势等，更多以定量方法论证产业间的互动关系与发展模式，在理论研究和实践探索中提出了"温州模式"、"苏南模式"、"江浙模式"等产业空间集聚形态。2005 年后，国内学者从定性转向定量研究，以投入产出法分析了汽车、水利、能源、电子信息、教育、科技、农业等诸多行业的产业集聚空间。

中国东北，进入 21 世纪后经济发展速度缓慢。2002 年是整个东北经济、社会发展的最低谷，中央于 2002 年底提出振兴东北老工业基地战略。2003 年以后，国务院先后发布了《关于实施东北地区等老工业基地振兴战略的若干意见》、《东北地区振兴规划》、《关于进一步实施东北地区等老工业基地振兴战略的若干意见》和《进一步实施东北等老工业基地振兴意见》。2012年，时逢国家实施振兴东北战略十周年，处于东北经济振兴龙头地位的辽宁省，其装备制造、化工、冶金、农产品加工等产业以集聚的态势在省域经济空间内得到了优化和发展。但是由于辽宁经济一路下滑，2016 年，经济增速以负增长在全国垫底，滑出了经济合理区间。

7.3   辽宁产业集群的投入产出分析

辽宁产业集群发展起步较晚。2002 年，石化、冶金和装备

制造等产业中的相关行业出现了集群特征；2006 年"辽宁省
'十一五'规划纲要"指出"重点推进装备制造、汽车及零部
件、船舶、石化、钢铁、纺织服装、电子信息产品等产业集
群"。2012 年全省有中小企业产业集群 116 个，企业数量 13600
多个，就业约 100 万人，年销售收入 3000 多亿元，税金约 90 亿
元，出口交货值 350 多亿元，平均每个集群有 125 户企业，集群
企业户数最多的是海城纺织服装集群有 6200 户企业。通过投入
产出法对辽宁产业集群进行定量分析，以期发现辽宁产业集聚
空间存在的根本问题。

7.3.1　指标数据

利用经济学家列昂惕夫（Leontief）创立的投入产出法进行
研究，基础数据源自 2002 年和 2012 年《辽宁统计年鉴》和国
家统计局官网，对数据进行了相应的整理，时间序列跨度 10 年。
区域集聚产业来自《辽宁省国民经济和社会发展第十二个五年
规划》、辽宁"国家新型产业基地"目标要求等政府文件中规划
的主导产业，根据产业组成统一性原则和数据的可获取性，将
辽宁投入产出表中的 42 行业合并为 8 类集聚产业：装备制造业、
冶金业、石油化工业、农产品加工业、建材业、纺织服装业、
高新技术业、现代服务业。根据综合性、整体性和可操作性原
则建构集聚产业关联指标和产业分类体系如下：

1. 中间需求率（$L_{F(i)}$）

反映某集聚产业有多少产出作为中间产品被投入到其他产
业的生产过程中。

$$L_{F(i)} = \frac{\sum\limits_{j=1}^{n} x_{ij}}{\sum\limits_{j=1}^{n} x_{ij} + M_i}(i = 1,2,\cdots,n) \qquad (1)$$

公式（1）中，$X = (x_{ij})$ 是中间投入产出矩阵，x_{ij} 表示 j 行业产出中所使用的 i 行业的中间投入；$\sum\limits_{j=1}^{n} x_{ij}$ 表示第 i 集聚产业中间需求量；M_i 表示第 i 集聚产业的最终需求量；$\sum\limits_{j=1}^{n} x_{ij} + M_i$ 表示第 i 集聚产业的总需求量。

2. 中间投入率（$L_{B(j)}$）

反映各集聚产业在生产活动中，为生产单位产值的产品，需要从其他产业购进原料的数量。

$$L_{B(j)} = \frac{\sum\limits_{i=1}^{n} x_{ij}}{\sum\limits_{i=1}^{n} x_{ij} + N_j}(j = 1,2,\cdots,n) \qquad (2)$$

公式（2）中，$\sum\limits_{i=1}^{n} x_{ij}$ 是第 j 集聚产业的中间投入量；N_j 表示第 j 集聚产业的最终投入量；$\sum\limits_{i=1}^{n} x_{ij} + N_j$ 表示第 j 集聚产业的总投入量。中间投入率越高，该集聚产业的附加价值就越低，即高"中间投入率"往往是低附加价值产业；反之，低中间投入率为高附加值产业。

3. 影响力系数（F_j）

表明某一集聚产业增加一个单位最终用途时，对各产业所产生的生产需求波动程度。

$$F_j = \frac{\sum\limits_{i=1}^{n} b_{ij}}{\frac{1}{n}\sum\limits_{j=1}^{n}\sum\limits_{i=1}^{n} b_{ij}}(j = 1,2,\cdots,n) \qquad (3)$$

公式（3）中，$B_{ij} = (b_{ij}) = (I - A)^{-1}$ 表示列昂惕夫逆矩阵，其中 $A = (a_{ij}) = (x_{ij}/\sum\limits_{j=1}^{n} x_{ij})$ 直接消耗系数矩阵；$\sum\limits_{i=1}^{n} b_{ij}$ 表示列昂惕夫逆矩阵的第 j 列之和，表示第 j 集聚产业每增加一个单位的最终产品时，需要各产业增加产品的总量。$\frac{1}{n}\sum\limits_{j=1}^{n}\sum\limits_{i=1}^{n} b_{ij}$ 表示列昂惕夫逆矩阵列和的平均值。

4. 感应度系数（E_i）

反映各集聚产业平均增加一个单位最终使用时，该产业为其他产业的生产提供的产出量。

$$E_i = \frac{\sum\limits_{j=1}^{n} b_{ij}}{\frac{1}{n}\sum\limits_{i=1}^{n}\sum\limits_{j=1}^{n} b_{ij}}(i = 1,2,\cdots,n) \qquad (4)$$

公式（4）中，$\sum\limits_{j=1}^{n} b_{ij}$ 表示列昂惕夫逆矩阵的第 i 行之和，表示第 i 集群每增加一个单位的最终产品时，需要各产业增加产品的总量，$\frac{1}{n}\sum\limits_{i=1}^{n}\sum\limits_{j=1}^{n} b_{ij}$ 表示列昂惕夫逆矩阵的行和的平均值。如果感应度系数大于 1，表明该产业所受到的感应度高于社会平均感应水平[19]。

7.3.2　产业集群的关联效应分析

第一，产业中间投入结构变化。按照中间需求率和中间投入率的差异，以高于或低于 50% 为标准，2012 年辽宁集聚产业包括三种产业类型：中间产品型包括石化、冶金、纺织、农产品、装备、高新技术六类产业；中间产品型基础产业是服务业；最终需求型产业是建材业。比较 2002 年，高新技术产业由最终需求基础型转变为中间产品型，服务业由中间产品型转变为中间产品基础型产业，这种变动说明十年来辽宁的高新技术产业具有低附加值属性，而服务业向高附加值方向转变（见表 7-1）。

表 7-1　　　　　　　　辽宁省集聚产业的中间投入结构变化

集聚产业	2012 年		2002 年	
	中间需求率（%）	中间投入率（%）	中间需求率（%）	中间投入率（%）
石化产业	101.0	78.5	91.5	71.1
冶金产业	99.6	77.3	79.7	71.6
纺织产业	81.0	78.8	53.8	74.6
农产品加工产业	64.8	66.8	64.6	56.8
服务业产业	61.9	46.5	55.4	50.2
装备产业	57.3	76.7	60.4	74.2
高新技术产业	52.7	54.0	51.8	44.6
建材产业	30.8	74.3	29.7	70.0

数据来源：根据 2002 年和 2012 年辽宁投入产出数据计算得出。

第二，集聚产业的直接关联效应。2012 年辽宁的石化和冶金产业的中间需求率都已达到 1，说明这两类集聚产业处于原材料性质和基础产业性质的发展阶段，二者向其他产业提供的中间产品达到了总产出水平，其最终产品则需要大量进口或调入以满足区域总供给的需求，同时说明辽宁经济的发展对石化和冶金等基础行业的依赖性较大。装备、农产品、纺织、高新、服务五类集聚产业分别有 57%、65%、81%、53% 和 62% 的中间产品被投入到其他产业的生产或消费过程中，这五类产业也具有很明显的中间产品性质。建材业的中间需求率小于 0.5，主要为社会提供最终产品。

从中间投入率看，2012 年辽宁省装备、冶金、石化、农产品加工、建材、纺织、高新七类产业中间投入率均大于 0.5，表明这七类产业分别需要从其他产业购进 77%、77%、79%、67%、74%、79% 和 54% 的原材料用于中间投入，体现辽宁集聚产业的高投入特征和低附加值属性。

7.3.3　产业集群对辽宁经济的波及效应分析

通常，集聚产业内部相关行业生产能力提升或生产技术变革将会引起整个产业发生变化，这种由关联产业传递的产业波对区域经济的影响被称为产业波及效应，主要通过影响力系数和感应力系数表现（见表 7-2）。

表 7-2　　　　辽宁产业集群的影响力系数与感应度系数

集聚产业	影响力系数		感应度系数	
	2002 年	2012 年	2002 年	2012 年
石化产业	1.099	1.131	1.660	1.771
纺织产业	1.149	1.130	0.666	0.647
冶金产业	1.088	1.129	1.076	1.379
装备产业	1.132	1.110	1.045	0.983
建材产业	1.069	1.066	0.541	0.491
农产品加工产业	0.873	0.921	1.015	1.044
高新技术产业	0.769	0.792	0.465	0.392
服务产业	0.821	0.721	1.524	1.293

数据来源：根据 2002 年和 2012 年辽宁投入产出数据计算得出。

第一，区域集聚产业的影响力。2012年装备、冶金、石化、建材、纺织五类产业的影响力系数都大于1，其中石化（1.131）和纺织（1.130）的影响力系数最大，主要说明这些产业最终产品的影响力超过了国民经济全部产业的平均水平，优先发展这些集群可拉动社会经济的发展，即这类产业属于辽宁主导产业。而影响力系数小于1的行业集中在农产品加工、高新技术和服务业三类，这些产业与社会生活联系紧密，是为辽宁全域的工业发展提供原材料和技术的部门，数据显示辽宁第一、第三产业对区域经济的辐射和拉动作用相对较小。

第二，区域集聚产业的感应度。2012年感应度系数大于1的集聚产业有石化、冶金、现代服务和农产品四类，其推动力超过了全域产业平均推动，对经济发展所起的制约作用相对较大，尤其是在经济增长较快的时期，这类产业将首先受到社会需求压力，进而影响区域经济发展，应优先发展。装备、建材、纺织、高新技术四类产业受非本产业内行业的影响小，其中高新技术感应度系数最小，对区域经济发展所起的制约作用小。

7.4　辽宁产业集聚与城市发展趋势

7.4.1　辽宁产业集群发展优势

1. 产业结构调整取得成效

辽宁经济发展处于工业化后期，面临着"再工业化"的发展阶段。在东北老工业基地振兴战略的推动下，辽宁产业结构调整及升级取得了一定的成效。三次产业结构在保持"二三一"

模式基础上不断优化，比例由 2002 年的 10.8：47.8：41.4 调整为 2012 年的 8.7：53.2：38.1，第一产业占比更趋合理。从产值和增速看，第一产业产值稳定增长，2012 年的增加值为 2155.8亿元，比 2002 年增长 1565.6 亿元，年均增长 13.8%；以工业为主的第二产业主导地位不断巩固和提升，重点工业行业层次不断提高，原材料加工业向集约化和深加工方向发展，高新技术产业增加值不断上升；以物流、金融、会展等为主的现代服务业发展迅速。

2. 新型工业化促进产业集中布局

随着辽宁工业经济的快速增长，原材料工业、装备制造、农产品加工等主导产业通过项目实施对地区经济的拉动作用进一步增强。装备制造、石化产业、能源产业、钢铁及有色金属、现代农业等产业集群化趋势明显，产业链不断延伸。辽宁现有国家级的产业园区 53 个、高新区 7 个，形成了辽宁沿海经济带、沈阳经济区和辽西北三大产业发展区域，产业布局基本特点是：依托沈阳和大连构建全省先进装备制造业和高新技术产业核心区，石化、冶金、建材等高加工度原材料工业向沿海经济带集聚。

3. 产业转型发展的优势突出

"十二五"时期是辽宁经济发展和转型的关键时期。辽宁 14个地级城市中，除了大连和沈阳外，其余城市多具有"资源型城市"特征，因此加快转变经济发展方式成为区域发展的主要方向。2001 年阜新市成为全国唯一资源枯竭型城市经济转型试点，2009 年辽宁沿海经济带上升为国家发展战略，2011 年沈阳经济区成为全国新型工业化综合配套改革试验区。随着国家战略以及相关政策的实施，辽宁产业结构调整与升级的政策优势、人才优势、资源优势、发展机遇等得到了前所未有的提升。

7.4.2　辽宁产业集群空间形态特征

1. 以园区为依托的产业集聚明显

从区域协调发展视角看，辽宁经济发展依托三大战略决策，即辽宁沿海经济带（大连、丹东、锦州、营口、盘锦、葫芦岛）、沈阳经济区（沈阳、鞍山、抚顺、本溪、辽阳、铁岭、营口、阜新）和辽西北（阜新、铁岭、朝阳），在三大区域形成了原材料工业、装备制造业和农产品加工等产业集聚趋势。从县域经济视角分析，2005 年以来，辽宁不断依托县域产业园区的建设，集聚人才、资源、中小企业等生产要素，加速区域特色产业集群形成，实现"一镇一品、一县一业"的产业格局。

2. 以项目建设为动力构建产业集群

面对国际金融危机带来的挑战，辽宁省加大了对外开放力度，通过项目建设，实现招商引资和产业集群发展。目前，全省已经形成一批产业集群项目：沈阳先进制造业集群、大连"钻石港湾"和船舶制造业集群、鞍山锻造工业园和五金产业园集群、抚顺碳纤维和精细化工产业集群、本溪医药产业集群、丹东环保产业集群、锦州光伏产业和汽车零配件产业集群、营口光电和微电子产业集群、阜新皮革加工和林木产品加工产业集群、辽阳精细化工产业集群、铁岭改装车产业集群、朝阳活性炭产业集群、盘锦石油和海工装备产业集群、葫芦岛 CBD 和海工装备制造集群等，形成了以项目驱动为主的产业大发展局面。

3. 以产业示范基地为平台加速产业集中布局

为了加速产业集中布局和集约用地，2010 年开始辽宁创建新型工业化产业示范基地。现已分三批创建了沈阳沈北农产品精深加工产业基地、大连电子信息产业集聚区、辽宁（海城）菱镁新材料产业基地等 31 个示范基地，不断推动信息化与新型工业化深度融合，以实现产业创新发展和产业集群延伸。

7.4.3　辽宁产业集群存在的问题

1. 产业集群规模与行业波及效果不一致

辽宁八类产业中，集聚规模大的产业集群行业影响力并非比一些规模较小的产业集群行业波及效果大。2012 年，辽宁产业集群规模由大到小排序为：现代服务、装备制造、农产品加工、石化、冶金、建材、高新技术、纺织与服装，行业影响力由大到小排序为：石化、纺织、冶金、装备、建材、农产品加工、高新技术、现代服务。由此可见，辽宁发展规模大的产业集群内行业结构大而全，市场占有率不高，外向度较小，缺乏产业核心优势，直接影响着产业集群规模经济优势的发挥和竞争力的提高。

2. 产业集群之间的关联性不强

从 2002 年到 2012 年，辽宁各产业集群自身的直接消耗系数增大，除现代服务业集群外，均高于该集群对非本类集群的直接消耗。各产业集群内的行业之间关联越来越密切，尤其表现在装备、冶金、石化、农产品、建材、纺织六类产业集群的独立性增强，对自身的依赖、支撑和依存度较高。每个集群内的行业分工非常完备，集群内涵盖了原材料供应的上游企业和产品销售的下游企业，产业链满足了集群内部供、产、销的分配，产业的集聚性较强。其中以石油化工产业集群对自身的直接消耗系数最高（0.54），对自身的依赖性最大。从使用分配系数看，辽宁产业集群对自身的支撑作用较大。装备、冶金、石化、农产品、建材、纺织、服务7类产业集群的产品大多流向自身。从中间流量系数看，除高新技术集群外，辽宁产业集群的自耗流量系数相对较大，中间投入以自身为主。根据对产业集群之间及集群内部门之间依存关系分析，辽宁产业集群内生发展能力较强，对其他集群的中间需求较小；集群之间具有较强的相对独立性，在生产技术上的关联性较低。

3. 主导产业集群的物耗水平偏高

从完全消耗系数看，冶金和石化两个核心产业集群完全消耗系数大于1，处于产能过剩或严重亏损状态。从2002年到2012年，除现代服务产业集群外，辽宁产业集群的中间投入率呈上升趋势。装备、冶金、石化、建材、纺织五类集群的中间投入超过70%，高于全省社会平均水平，显现出原材料性质和低附加值产品特征，属于"高投入、高能耗、低效益"的粗放型经济增长方式。从成本产出上分析，装备、冶金、石化、建材四类集群基本表现为"低中间投入产出效益、高活劳动产出效益、低总成本产出效益"的粗放增长。也就是说，以工业为主导的辽宁产业集群处于物耗水平较高，经济效益较低的发展态势。

4. 区域经济增长主要依靠对产业的投资驱动

东北老工业基地振兴以来，投资驱动增长方式促进了辽宁经济的快速发展，装备、石化、冶金等主导产业集群多采用政府投入为主的地方财政融资模式。从 2002 年到 2012 年，除建材集群外，七大产业集群的最终需求投资依赖度全部上升，高新集群增幅达 24.7 个百分点，装备、冶金、石化等主导产业的投资依赖度增幅都在 5% 以上。同期，辽宁产业集群对消费依赖度全部下降，2002 年消费依赖度在 0.5 以上的农产品加工、服装与纺织、高新技术、现代服务业等集群于 2012 年全部下降到 0.4 以下。现阶段，随着国家或地方政府对我省主导产业及相关行业的投资减少，由产业集群支撑的辽宁经济出现了下滑现象。

5. 第三产业对经济拉动作用较弱

辽宁高新技术集群和现代服务业集群属于第三产业，从 2002 年到 2012 年，两集群表现出"高中间投入产出效益、高总成本产出效益、低活劳动产出效益"的发展态势，而其生产诱发系数均以政府消费为主。高新技术集群的感应度系数和影响力系数均低，属于迟钝关联型产业，即不宜带动其他产业发展，也不易因其他产业发展而受到影响，是我省现阶段关联效果最低、经济效益相对较小的产业集群。现代服务业集群的行业影响力与产业关联性不一致，现代服务集群是辽宁发展规模最大的集群，而其产业影响力最小，属于高感应度、低影响力的感应关联型产业，仅以"推力"促进基础产业发展，缺乏经济带动作用。由此可见，辽宁第三产业对区域经济的辐射和拉动作用不强。

7.4.4 辽宁产业与城市互动发展策略

1. 加强集群间行业技术关联，构建城市发展网络

产业集群的活力在于产品的竞争力，即产品拥有技术创新力。随着产业集群的专业化分工与协作，集群内外的行业与企业日益专精于某一项技术，当技术体系中某一环节出现技术创新，则会通过"拉拔效应"带动技术关联性强的甚至整体产业的技术进步。辽宁产业集群需要通过技术关联和技术衍生突破产业集群的高度独立性。一方面，通过城市和区域网络实现技术信息和资源的共享，促进产业集群的技术水平和产业集群的结构优化；另一方面，通过技术信息网络功能实现产业集群内核心产业、辅助产业及其各企业间技术合作和信息交流，并加强企业与科研机构、金融机构、行政等服务业和高新技术产业的合作稳定关系。改变辽宁集群独立内循环发展的局面，依托集群内部产业链的延伸和拓展，把高新技术产业和服务业融入区域的支柱产业、主导产业和新兴产业，在重点规划集群基础上细化产业链条，构建全省城市间的产、供、销一体化的集群大融合的网络，把区域嵌入式集群和原生式集群，通过技术关联根植于地域经济、社会与文化之中，健康发展。

2. 优化城市产业结构，改变主导产业低效发展局面

战略性优化调整全省产业结构。一方面，关闭诸如冶金集群中钢铁、煤炭等资源枯竭型产业的低效和衰退行业或部门，促进阜新、辽阳、本溪、抚顺、鞍山等资源型城市转型发展，寻找接续产业和替代产业，实现超级专业化分工，延伸产业链

条。另一方面，依托高新技术开发多样化和综合化的新产业，改变诸如石化群、装备群中低水平重复生产的局面，提升农产品加工、服装与纺织等产业集群的下游产业链的研发，形成产学研、产供销一体化，促进产业高效益、低能耗健康发展。

3. 建立多元驱动的产业集群发展模式

辽宁八大类产业中包含了众多的中小产业集群和相关行业，依据区域特征和产业及行业发展趋势，建立多元驱动的产业集群发展模式。以投资驱动大力发展高新技术产业集群和现代服务业产业集群，放宽金融机构的准入及金融产品管理，充分让银行、信托、证券、保险、租赁、基金等金融中介进入产业发展融资市场；把财政资金和政策性银行贷款等政府资金投入基础设施建设的相关行业。以内需驱动发展农产品加工、服装与纺织和建材等产业集群，以创新驱动发展装备制造、石化、冶金等产业集群，实现投资、消费、出口"三驾马车"共同拉动经济的态势；以供给侧结构改革，提升集群内产品质量和品牌。

4. 繁荣城市第三产业，实现产业集群配套发展

第一，完善高新技术产业集群的创新系统。转变辽宁经济增长方式的关键要大力提高自主创新的能力。以企业为自主创新主体，以装备、石化、冶金等主导产业集群的相关行业为基础，充分发挥高新技术产业外向度和人才聚集的环境优势，将引进、消化、吸收及自主创新结合起来，掌握并开发核心技术，促进辽宁产学研深度结合。建立以企业需求为导向的产业技术创新战略，按照国家关于高新技术产业的经济政策，调整外商投资结构，积极引进科技含量高、高附加值的大项目，建立开

放式、全方位、多层次、宽领域的交流与合作，促进高新技术产业国际化。加快科技成果转化的中间环节，充分发挥市场在资源配置中的基础性作用，使科技成果转化为生产力。辽宁高新技术产业集群需要建立集知识、技术创新和科技中介服务一体化的研发体系。增强企业孵化和科技研发力度，完善有利于高新技术产业集群发展的政策环境和可靠的支撑服务体系。

第二，架构城市现代服务业集群的网络体系。在信息化背景下，辽宁省各城市的发展都需要创建经济网络型服务体系，改变现阶段传统单一结构及等级制架构，依赖网络化优势，使全省的现代服务业向连锁化、联盟化、集成化方向发展，使经济网络型服务与主导产业部门及行业的发展形成互补。在沈阳、大连、锦州、丹东、营口等区域中心城市或城市中心区域构建中央商务区，形成鉴证咨询、金融商务服务为主的核心服务集群。以辽宁产业园区、产业示范基地为载体和平台，形成以产品研发和技术创新为特色的专业服务集群，不断拓展服务集群的辐射范围和服务价值链。

第8章
协同发展空间与城市

8.1 协同理论与思想延伸

8.1.1 协同理论

协同理论（synergetics）也称"协同学"，是20世纪70年代以来在多学科研究基础上逐渐形成和发展起来的一门新兴学科，是系统科学的重要分支理论。1971年，联邦德国斯图加特大学教授、著名物理学家赫尔曼·哈肯（Hermann Haken）提出协同的概念，着重探讨各种系统从无序变为有序时的相似性。哈肯称其为"协同学"，一方面是由于人类的研究对象是许多子系统的联合作用，以产生宏观尺度上结构和功能；另一方面，它又是由许多不同学科进行合作，来发现自组织系统的一般原理；客观世界存在着各种各样的系统，社会的或自然界的，有生命或无生命的，宏观的或微观的系统，等等，这些看起来完全不同的系统，却都具有深刻的相似性。

协同理论主要内容包括三个方面：第一，协同效应。是指复杂开放系统中大量子系统相互作用而产生的整体效应或集体效应，属于协同作用产生的结果。第二，伺服原理。即快变量服从慢变量，序参量支配子系统行为。它从系统内部稳定因素和不稳定因素间的相互作用方面描述了系统的自组织的过程。第三，自组织原理。相对于来自系统外部的组织而言，自组织则指系统在没有外部指令的条件下，其内部子系统之间能够按照某种规则自动形成一定的结构或功能，具有内在性和自生性特点。哈肯认为，以开放系统为前提，自然界和人类社会的各种事物普遍存在有序、无序现象，在一定条件下，有序和无序之间会相互转化，无序是混沌，有序即协同。

8.1.2   城镇协同发展思想

协同理论不仅被应用在物理学领域，近十几年来获得了极大发展并被广泛应用到综合性学科，它是对整个世界进行观察的一种新方法。随着哈肯模型的应用拓展，社会学、经济学、地理学等跨学科研究焦点——城镇的发展和建设也不断融入并深化了协同论思想。

马克思指出，城市"造成新的力量和新的观念，造成新的交往方式，新的需求和新的语言"。芒福德（Lewis Mumford）认为，"城市从其起源时代开始便是一种特殊的结构，它专门用来贮存并流传人类文明的成果；这种结构致密而紧凑，足以用最小的空间容纳最多的设施；同时又能扩大自身的结构，以适应不断变化的需求和社会发展更加繁复的形式，从而保存不断积累起来的社会遗产。可以说，城市是一个开放系统，城市的发展需要不断创新。

在宏观上，城市协同发展表现为区域空间内城市群的协同，也就是在区域内消除城市壁垒，分工城市职能，加强城市群统一管理，提升区域整体竞争力。例如，2015 年中央提出的"京津冀协同发展战略"，核心是有序疏解北京非首都功能，调整经济结构和空间结构，摒弃高成本与低效率的治理模式，在协同发展框架下促进区域协调发展，形成新的增长极。在微观上，城市协同发展是城市内部的经济、文化、生态等多元要素一体化发展。由于经济是城市形成和发展的根本动因，文化是城市的灵魂，生态安全是城市发展的保障，因此，单体城市未来发展需要经济、文化、生态等多元要素协同。

8.1.3 边境城镇多元协同机理

边境城镇是小尺度的协同空间，也是大区域的边缘空间，因为其地缘政治属性，经济、文化、生态等任何一个序参量都不能独立支撑边境城镇的繁荣和传承，它需要多元协同发展（见图 8-1）。

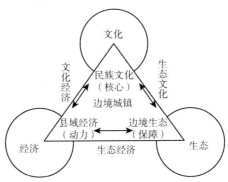

图 8-1 边境城镇多元协同发展机理

1. 县域经济是我国少数民族文化和边境生态的发展动力

我国沿边地区经济发展总体落后，各县域的经济总量在全国、省域或市域范围内所占比重较低。边境县域经济分为农业主导型、工业主导型和服务业主导型，劳动者多为少数民族的农牧民，第一产业占 GDP 比重较大，县域发展则是边境少数民族和民族聚居区城乡统筹的经济问题和政治问题，更是少数民族文化和边境生态建设的基础动力。

2. 边境民族文化是沿边经济和生态建设的驱动核心

民族文化弥漫在沿边城镇空间，占据了边民的日常生活舞台，吸引着"外地人"全部视野。边境文化是沿边少数民族文化和宗教文化等多元文化的杂糅。在边境新型城镇化建设中，无论是建筑设计与生态环境、宗教信仰与风俗习惯，或是旅游发展与产业挖掘、自然资源与沿边开放等方面，只有把边境民族文化作为驱动核心，才能建构出边境城镇的民族特色。

3. 边境生态是县域经济和民族文化建设的安全保障

我国边境线长、邻国多，跨境动物疾病、国际河流污染、沙尘灾害天气等生态问题直接影响边民生产和生活，保护生态环境尤为重要。建设生态文明是关系人民福祉、关乎民族未来的大计，是实现中华民族伟大复兴中国梦的重要内容。习近平总书记指出"绿水青山就是金山银山"。美丽的边境生态环境是沿边地区经济和文化的安全保障。

8.2　边境城镇协同发展战略机遇

边境城镇是"一带一路"倡议实施的空间节点，是国家全方位对外开放的重要载体，是少数民族文化等多元要素积聚的平台。通常，边境城镇以口岸为窗口传递信息、文化、物质和资源等，随着区域经济一体化的发展，边境城镇不仅依靠对外贸易进行双边交往，还在区域、次区域合作、开发开放试验区等方面实施全方位发展。十八大以来，统筹和协调成为我国经济和社会发展的重要方向，强调"协调发展，统筹兼顾，推进城乡、区域、经济社会、人与自然发展，推进国内发展和对外开放"。然而，国内制定的政策与措施研究多注重"区域城乡协调"、"经济和社会协调"、"四化同步协调"、"人与自然和谐共生"等方面；学术界则侧重探讨要素协同、系统协同、区域协同、路径协同等领域，当前，从实体城镇入手探究民族地区多元协同发展是一个鲜有的选题。

8.2.1　对外开放是沿边地区协同发展的机遇

边境经济受周边政治环境影响存在明显的边界效应，而依托边境开放可以改变地区间乃至国家间的资源分配结构。国际上，美墨边境"区域性自由贸易区"、德国与波兰边境贸易、东南亚边境"增长三角（growth triangles）"都是双边贸易和边界一体化效应的典型区域，这些地区以沿边开放和边境贸易自由化促进了区域的经济增长。随着经济全球化和区域经济合作兴起，20 世纪 80 年代中国边境贸易得以恢复，国内沿边空间多以口岸经济等模式促进城镇发展。目前，国内陆地一类口岸分布在东北、西北、西南九省区，已经成为我国陆地边境对外开放的战略节点。2016 年，《国务院关于支持沿边重点地区开发开放若干政策措施的意见》提出，开发开放试验区、沿边国家级口岸、边境城市、边境经济合作区和跨境经济合作区等沿边重点地区是"一带一路"倡议的先手棋和排头兵。至此，边境城镇建设与边境贸易互动发展对实现沿边地区经济增长、助推我国全面开发开放大格局具有重要战略意义。

8.2.2 新型城镇化是沿边地区协同发展的动力

城镇是经济、社会、文化协调发展的平台，城镇化是人类社会文明进步的重要标志。当前，我国城镇化处于中高速发展的新常态，长期以经济和物质建设为主的城镇化模式面临着严峻挑战。2014 年，《国家新型城镇化规划（2014～2020 年)》从战略高度提出"以人为本、资源节约、环境友好、经济高效、文化繁荣、城乡统筹、大中小城镇协调"的新型城镇化内涵。这种城镇化的转型升级要经历农业人口转移、基本公共服务均等化、低碳集约、城镇协调和"四化"同步等发展过程。对沿边地区来说，由于经济相对落后、民族文化多元、生态环境脆弱、地缘政治和边境安全等复杂因素限制了区域的发展，而新型城镇化的实施建设将有助于多元要素的协调并将成为沿边地区协同发展的动力支撑。

8.2.3 县域经济是沿边地区协同发展的核心

县域空间是最具中国特色的最基本的行政地域单元，县域经济是国内发达地区研究空间差异的重要内容。从"兴边富民行动"发起伊始，经济合作发展随之成为沿边县域各民族的核心问题。经过十几年的发展，边境城镇在基础设施建设、人民社会生活水平、文化传承等方面取得了令人瞩目的成就。随着"一带一路"倡议的提出，我国东北、西北、西南三大沿边地区的 136 个陆地边境县（旗、市、市辖区）和新疆生产建设兵团 58 个边境团场，成为对接"一带一路"的空间节点，创新发展边境地区的县域经济将成为富民、安边、稳和兴边的重要举措。

8.3 辽东边境城镇发展现状与特征

中国陆地边境线 83% 分布在少数民族地区。丹东是位于辽宁东部的中朝边境城市，是我国海陆边界汇合点，地处东北亚经济圈的中心地带，是唯一拥有陆地一类口岸的地级市，陆地边境线长 306 公里，全域有港口、铁路、公路、管道、机场 5 种类型 13 处口岸和 1 个国家级边境经济合作区，2000 年成为我国兴边富民试点城市，2014 年晋升国家沿边重点开发开放试验区。随着辽宁沿海经济带、沿边重点开发开放试验区等国家战略在丹东实施，2015 年丹东成为 66 个区域级流通节点城市之一，步入了全国骨干流通大通道体系，成为东北边境实施"一带一路"

倡议的排头兵。

8.3.1 辽东边境"兴边富民"发展概况

丹东市辽宁省唯一的边境城市，位于辽宁东部，下辖振兴区、元宝区、振安区和东港市、凤城市以及宽甸满族自治县，其中有 5 个是陆地边境县、区（凤城市除外），全市总人口 239 万，有满族、蒙古族、回族、朝鲜族、锡伯族等 40 个少数民族。"十二五"以来，在国家兴边富民行动专项资金牵引下，全社会吸纳 20 多亿元资金，实施 643 个富民项目。

2015 年，边境城镇常住居民人均可支配收入和农村常住居民人均可支配收入实现 2.45 万元和 1.23 万元。在基础设施方面，实现了丹沈、丹大、丹通、丹海、丹阜 5 条高速公路全线贯通以及丹沈客专、丹大快铁的运行，开通了丹东至韩国仁川国际航线，形成了陆海空立体交通网络。在民生工程方面，丹东边境已形成食用菌、中药材、海水养殖等多种特色产业，三个市区利用兴边富民行动资金主要发展菜篮子工程，相继建起了无公害蔬菜基地、果蔬气调库、家畜养殖及加工基地；宽甸满族自治县重点投入在农业种植和养殖业，其中以宽甸北方山奇菌业有限公司最为典型，发展食用菌种植 3 万多户，户均单项年收入超万元，生产、加工和销售食用菌、林蛙、蜂蜜、山野菜等系列产品；东港市主要扶持水产养殖示范农场、稻种培养农场、草莓科学研究院和农产品综合交易市场，其中东港草莓年产量 20 万吨，成为全国最大的优质草莓生产基地和种苗生产基地。

8.3.2　辽东边境城镇的发展特征

1. 县域经济和集群经济推动边城稳定发展

丹东是我国沿边地区经济发展最好的地级城市。2015 年，以汽车及零部件装备业、矿产资源深加工业和农副产品加工业为主导产业的地区经济总量达到 984.9 亿元。第一产业以县域为单位实现稳步增长，形成东港草莓示范县，凤城板栗示范县，宽甸人参示范县的"一县一业"模式；第二产业规划构建汽车及零部件、仪器仪表、满族医药及健康产业、增压器、防护纺织制品等 5 个辽宁省级特色产业集群，第三产业以旅游业创造的经济总量最高、增速最快。

2. 以满族聚居文化为主构建多元边境文化

丹东地区满族人口 77.2 万，占全市总人口的 32%，占少数民族总人口的 91.8%，集聚分布在凤城市（满族人口占比 75%，享受辽宁满族自治县待遇）、宽甸满族自治县、合隆满族乡（属东港市）。历史上，粟末靺鞨首领大祚荣建立的渤海国疆域南端抵达凤城一带，这里也是女真人繁衍生息的南缘地界。清代（1876 年），设凤凰直隶厅，辖岫岩州、安东县、宽甸县，从京畿地区拨回大批满、蒙、锡伯、汉等八旗官兵携带眷属来到凤城，逐渐形成了辽东满族聚居文化。目前，丹东地区少数民族以满族为主体，随着时间的搅拌、融合和杂糅形成了多民族文化共生的现代辽东边境文化。

3. 鸭绿江下游生态文明积淀深厚

清代辽东柳条边把鸭绿江流域下游分成边里、边外两种景观、两种文化和两种生态，凤城市位于柳条边里，宽甸满族自治县处于柳条边外的东边道上，两县的行政边界与历史上的柳条边遗痕基本吻合。清代柳条边赋予鸭绿江流域的生态休养是丹东地区生态文明的基础。丹东是辽宁中部和南部地区的绿色屏障，其森林覆盖率66%，河流水力蕴藏量占全省水能资源的1/3，是国家园林城市和"中国十佳空气品质城市"，市域有自然保护区和森林公园17处，保护总面积达31.1万公顷。"十二五"期间，宽甸被授予"全国休闲农业和乡村旅游示范县"、"全国生态文明先进县"、"全国林业产业示范县"、"中国最美生态休闲旅游名县"，并成为辽宁省唯一的生态旅游实验区，宽甸满族自治县的河口村和三道湾村分别荣获"中国十大最美乡村"和"全国生态文化村"称号。

8.3.3   辽东边境城镇发展的主要问题

1. 辽东地区经济发展规模小

2015年，丹东市经济总量仅占辽宁省GDP的3.5%，排名14个地级市的第十位，三次产业结构为15.9∶40.9∶43.2，外贸进出口总额占比27%，其中出口额下降幅度较大，对外贸易对社会经济的影响较弱。全市与辽宁全省水平相比，丹东第一产业比重过高，第二、第三产业比重过低。就第一产业来看，农业基础设施薄弱，经济投入不足；农村劳动力文化素质低，农机操作基本技能不足；特色农业生产规模小品种单一，龙头企业的生产规模和区域影响力相对有限；农业加工水平偏低，多数企业停留在原料或半成品加工上。就工业来看，丹东工业增加值在全省排 12 位，政府主导的产业集群缺少大型龙头企业，产业配套能力不强，产业链短，全部工业产品档次偏低，普遍缺少核心技术。例如，服装纺织企业多为韩国、日本进行来料加工或贴牌生产。丹东市服务业则缺少高附加值的新兴产业，现代物流、电子商务等发展不足，吸纳就业能力不强，造成了辽宁沿海经济带战略和沿边开发开放实验区等国家战略实施进程缓慢。

2. 人口—土地城镇化比例失调

2015 年，丹东地区总人口 239 万人，常住人口城市化率 66%，户籍人口城镇化率仅为 44%，人口自然增长率 - 2.06‰，"十二五"期间人口减少了 2.5 万人。[①] 随着经济发展和新型城镇化进程的推动，辽东边境城镇建成区面积不断增长，其中公路、产业园区、新城、开发区等建设成为建成区用地扩张的主要驱动力。丹东土地城镇化年均增速为 12.7%，仅次于辽宁沿海经济带的大连市，呈现出土地城镇化快于人口城镇化现象，通过计算离差系数发现，丹东人口—土地城镇化进入高度失调等级，即人口城镇化与土地城镇化进程不协调，人口城镇化增速滞后土地城镇化扩张速度。

3. 森林资源锐减生态环境脆弱

丹东位于鸭绿江下游流域，鸭绿江干流与浑江汇合后流经宽甸县、丹东市区和东港市，注入黄海。清代，努尔哈赤为抵

---

① 数据来源：根据 2016 年《辽宁统计年鉴》整理。

御辽东海上明军毛文龙部的进攻，将鸭绿江沿岸居民后撤，在鸭绿江西岸形成了一条无人地带，顺治年间修筑完成了盛京柳条边，其东部由无人地带变成 200 年的封禁区。史料记载，"边外皆万山，北界瑷阳，南抵海，东临鲜境，连岗接岭，材木之所出"。1876 年清政府于鸭绿江流域下游大东沟（现东港市）设立安东县，成为当时木材主要集散地，这标志着辽东柳条边全面解禁，至今为止，鸭绿江流域下游西岸经历 140 年的人为开发和影响。20 世纪初日俄战争后，日本对我国鸭绿江流域木材进行毁灭性的砍伐、掠夺和侵占，到了 40 年代，鸭绿江下游流域的原始森林全部丧失（后期生长的次生林大多是柞树）。当前，随着工业化、城镇化进程的加速，丹东地区水土流失日趋严重，土地沙化面积扩大，采矿业破坏了大量地表植被，森林蓄积量逐渐减少（其中，中幼龄林面积大，天然林中的柞蚕场和低质低效林占比 39%），柞蚕场重放养轻管理，部分蚕场土壤沙化严重，生态环境日趋脆弱。

8.4　边境民族地区城镇协同发展趋势

8.4.1　推进边境传统农业向农业产业化转变

用工业化、城镇化、现代化的理念改造提升边境传统农业，增强农业和农村经济发展的可持续力。改变单纯的"耕地农业"，形成与"江海农业""设施农业"、"特色农业"并重的大农业发展格局。边境县域经济发展，首先，要以"菜篮子"工程为抓手，强化农业供给侧改革，建立粮油、果菜、畜禽等农产品基地，发展设施农业，加快无公害、绿色、有机食品品牌认证，提高蔬菜质量安全水平，延伸农产品产业链条。其次要合理利用土地资源及坡地、沙地、丘陵资源，着重发展区域特色果蔬和经济林，形成特色农业、建立边境品牌。最后，要大力发展生态农业、循环农业、观光休闲农业，努力培育新的经济增长点。依据边境城镇的自然环境和旅游资源条件，进一步挖掘乡村生态休闲旅游观光等优势资源，拓展边境农业发展领域，实现农业产业化。

8.4.2　依托旅游业活跃边境经济文化

边境贸易受地缘政治影响，因此边境城镇经济发展更多来自第三产业，而现代物流和电子商务等新兴产业的发展尚需诸多环境因素协调，就目前来看，旅游业是我国边境城镇第三产业的增长极。通常，边境民族文化和跨国风情往往成为国内外游客的兴趣点，沿边城镇要用现代化媒介大力宣传边境风土民情，增加旅游吸引力；要借助旅游业的繁荣深度挖掘城市文化，把大量的人文景观、历史遗痕、政治军事或商业等文化景观变成旅游产品，开展全域旅游，促进文化经济发展。同时，边境城镇还需加快建立"旅游公共信息服务、旅游安全保障、旅游交通便捷服务、惠民便民服务、旅游行政服务"等现代旅游服务体系，提升边境旅游品质，塑造浓郁的边境城镇民族文化。

8.4.3　保护边境生态环境

边境城镇的发展理念是协调共生，包括边境人口、经济、资源、环境等要素的协调发展，也包括国家间的合作发展，还包括人类与自然环境的和谐发展。依托新型城镇化建设，实现边境口岸和口岸城镇联动发展，建立边境贸易合作和沿边开发开放的经济空间，同时构建能源安全、粮食安全等国家安全保障的环境空间，大力保护边境自然生态环境，统筹城乡一体化。我国边境地区人口密度较小，新型城镇化建设需要合理有效集聚边境人口，建设集约紧凑的边境特色城镇和民族城镇，用足城市存量空间，把生态环境保护作为重要任务，转变粗放的经济增长方式，改变边疆民众的生活方式，形成以人为本、人与自然和谐的统一格局。

8.4.4 发展民族职业教育传承边境文化

党的十八大报告指出，"文化是民族的血脉，实现中华民族伟大复兴，必须推动社会主义文化大发展大繁荣，文化实力和竞争力是国家富强、民族振兴的重要标志"。边境民族文化是中华大文化的重要组成，是边境少数民族赖以长存的给养，具有增强人文素养的功能和安边、稳边的作用。

边境民族职业教育的着力点是发展、传承和创新民族文化，民族文化的传承对我国陆地边境的繁荣富强具有极大的促进作用。创新和发展边境民族文化，需要依托边境的民族人才，这种人才的培养既需要普通高等教育培养，更需要众多的民族职业教育去实施。发展边境民族职业教育，一方面通过开发边境地区的优势特色文化资源与当地职业技术院校的相关课程对接，与地区主导产业和新兴民族产业相对接，有效促进产学研用相结合，培养民族文化的管理和开发人才、多语言人才等，增强边境城镇的少数民族人口就业水平以服务民族地区的经济建设；另一方面，把民族地区的非物质文化遗产融入到职业教育中，提升边境民族人口的人文精神和历史情怀，做到良好的发扬和传承。这种多元而丰富的边境民族职业教育是促进边境城镇经济与社会和谐发展的有效路径之一。

8.4.5 "一带一路"新空间下的多元协同

边境城镇是"一带一路"倡议发展的新空间，沿边民族地区的城镇发展任重道远，要以国家发展战略为导向，以新型城镇化建设为载体，提升边境城镇的经济、民族文化、生态等多种功能和多元协同发展水平。

从县域经济发展看，沿边地区需要发展"一县一业"的农作模式，实现农业供给侧改革，加速农业产业化进程，形成农牧业产业集群；大力发展以旅游业为主导的第三产业，逐渐转变边境人民生产生活方式，增强沿边就业水平和新型城镇化水平。从边境文化发展看，以少数民族文化为主导，糅合宗教文化、跨境文化、历史文化和边境风土民情，利用当地民族职业教育，与边境城镇主导产业的人才需求相对接，加速人口集聚，创新传承民族文化。从生态环境发展看，我国陆地边境的生态防线极其重要，是国家安全的基础和保障。在新型城镇和产业园区的建设中，有效利用城市存量空间，保护水源、湿地、植被等，监督、治理和杜绝各级各类环境污染。

边境城镇建设是经济、文化和生态协同的发展过程，随着我国"一带一路"倡议和沿边开发开放战略的实施，边境城镇投入到对外开放的大尺度空间中，更需要以经济发展为动力，以民族文化为核心，以生态环境为保障，实现多元协同发展的兴边富民目标。

参考文献

［1］陆大道：《地理学关于城镇化领域的研究内容框架》，载于《地理科学》2013 年第 8 期。

［2］顾朝林：《城市群研究进展与展望》，载于《地理研究》2011 年第 5 期。

［3］杨荫凯：《我国区域发展战略演进与下一步选择》，载于《改革》2015 年第 5 期。

［4］周一星、张莉：《中国大陆口岸城市外向型腹地研究》，载于《地理科学》2011 年第 6 期。

［5］安虎森、肖欢：《我国区域经济理论形成与演进》，载于《南京社会科学》2015 年第 9 期。

［6］顾朝林：《中国城镇化的"放权"与"地方化"——兼论县辖镇级市的政府组织架构和公共服务设施配置》，载于《城市与环境研究》2015 年第 3 期。

［7］魏后凯：《中国城镇化进程中两极化倾向与规模格局重构》，载于《中国工业经济》2014 年第 3 期。

［8］宁越敏：《构建与世界对接的城市研究体系——评〈中国城市转型研究〉》，载于《南京社会科学》2014 年第 4 期。

［9］辜胜阻、刘江日、李洪斌：《中国城镇化的转型方向和

配套改革》，载于《中国人口科学》2013 年第 3 期。

　　［10］姚士谋、张平宇等：《中国新兴城镇化理论与实践问题》，载于《地理科学》2014 年第 6 期。

　　［11］方创琳、王岩：《中国城市脆弱性的综合测度与空间分异》，载于《地理学报》2015 年第 2 期。

　　［12］仇保兴：《新型城镇化带动西部大开发的几点思考——以南疆为例》，载于《城市规划》2010 年第 6 期。

　　［13］李慧娟：《中国边境口岸城市发展模式研究》，中央民族大学 2010 年论文。

　　［14］马廷玉、邬冰、刘志虹：《辽宁产业集群发展与近域城市整合的互动机制研究》，载于《经济地理》2008 年第 4 期。

　　［15］张万强、温晓丽等：《构建内生增长动力的老工业基地振兴道路》，中国经济出版社 2014 年版。

　　［16］吴昊、闫涛：《长吉图先导区：探索沿边地区开发开放的新模式》，载于《东北亚论坛》2010 年第 2 期。

　　［17］张丽君、王玉芬：《民族地区和谐社会建设与边境贸易发展研究》，中国经济出版社 2008 年版。

　　［18］邬冰、王亚峰、佟玉凯：《中国沿边口沿与城市腹地互动机理研究》，载于《城市发展研究》2012 年第 9 期。

　　［19］马廷玉、郑辽吉、刘亚臣：《基于经济网络视角的沈阳经济区城市群结构特征》，载于《地方财政研究》2013 年第 11 期。

　　［20］徐海贤：《国家战略视角下新兴增长区域空间发展研究——以江苏沿海地区为例》，载于《规划师》2011 年第 11 期。

　　［21］邬冰：《辽宁沿海经济带城市化发展对策研究》，载于《辽宁师范大学学报（社科版）》2008 年第 6 期。

［22］金贤锋、董锁成、周长进等：《中国城市的生态环境问题》，载于《城市问题》2009 年第 9 期。

［23］邬冰：《沈阳经济区新型城镇化发展的时空演变及现状分析》，载于《辽东学院学报（社科版）》2013 年第 3 期。

［24］邬冰：《辽宁"五点一线"经济带城市化水平及问题》，载于《辽宁工程技术大学学报（社科版）》2007 年第 6 期。

［25］刘志虹、邬冰：《辽宁沿海经济带城市化响应机制与发展对策研究》，载于《社会科学辑刊》2011 年第 2 期。

［26］郭腾云、徐勇等：《区域经济空间结构理论与方法的回顾》，载于《地理科学进展》2009 年第 1 期。

［27］秦志琴、张平宇：《辽宁沿海城市带结构优化研究》，载于《人文地理》2011 年第 2 期。

［28］邬冰、丛文滋：《辽宁沿海经济带城市化发展模式分析》，载于《辽东学院学报（社科版）》2008 年第 2 期。

［29］尹宏玲、徐腾：《我国城市人口城镇化与土地城镇化失调特征及差异研究》，载于《城市规划学刊》2013 年第 2 期。

［30］孙平军、修春亮等：《中国城市空间扩展的非协调性研究》，载于《地理科学进展》2012 年第 31 卷第 8 期。

［31］邬冰：《辽宁经济空间产业集聚关联的动态分析——基于投入产出法的比较研究》，载于《经济研究参考》2016 年第 33 期。

［32］罗勇、曹丽莉：《中国制造业集聚程度变动趋势实证研究》，载于《经济研究》2005 年第 8 期。

［33］吴三忙：《产业关联与产业波及效应研究》，载于《产业经济研究》2012 年第 1 期。

［34］陈国亮、陈建军：《产业关联、空间地理与二三产业共同集聚》，载于《管理世界》2012 年第 4 期。

［35］张建华、张淑静：《产业集群的识别标准研究》，载于《中国软科学》2006 年第 3 期。

［36］王缉慈：《集群战略的公共政策及其对中国的意义》，载于《中外科技信息》2001 年第 4 期。

［37］范剑勇、石灵云：《产业外部性、企业竞争环境与劳动生产率》，载于《管理世界》2009 年第 8 期。

［38］张华、梁进社：《产业空间集聚及其效应的研究进展》，载于《地理科学进展》2007 年第 2 期。

［39］潘媛：《"一线两带"产业集群的投入产出分析》，西安科技大学 2006 年论文。

［40］邬冰：《辽宁沿海经济带新型城镇化的问题研究》，载于《经济研究参考》2015 年第 67 期。

［41］王旭：《芝加哥：从传统城市化典型到新型城市化典型》，载于《史学集刊》2009 年第 6 期。

［42］张杰：《清代鸭绿江流域的封禁与开发》，载于《中国边疆史地研究》1994 年第 4 期。

［43］张鸿雁：《中国新型城镇化理论和实践创新》，载于《社会学研究》2013 年第 3 期。

［44］杨玉珍：《快速城镇化地区生态—环境—经济耦合协同发展研究综述》，载于《生态环境学报》2014 年第 3 期。

［45］邬冰、张芳：《聚居区满族文化与新型城镇化互动发展研究——以辽宁省凤城市为例》，载于《黑龙江民族丛刊》2015 年第 6 期。

［46］姜丽：《鸭绿江流域森林资源与安东县木材中心市场

的形成（1876~1928）》，东北师范大学 2007 年版。

［47］饶野：《20 世纪上半叶日本对鸭绿江右岸我国森林资源的掠夺》，载于《中国边疆史地研究》1997 年第 3 期。

［48］黄飞：《日本对鸭绿江流域森林资源的掠夺和破坏》，载于《兰台世界》2008 年第 11 期。

［49］闫树明：《丹东市森林资源建设特点及建议》，载于《现代农业科技》2014 年第 5 期。

［50］H. 哈肯：《协同学理论与应用》，科学出版社 1990 年版。

［51］李炼：《清辽东第一门——凤凰城边门》，载于《满族文学》2012 年第 3 期。

［52］邬冰、谷义、田兆有：《辽东柳条边遗址两侧满族县域空间差异与文化弥合——以凤城边门至瑷阳边门连线为例》，载于《东北史地》2016 年第 2 期。

［53］夏紫晶：《中国西南边境口岸经济发展研究》，广西大学 2011 年论文。

［54］邬冰：《辽宁沿海地区城市发展主要影响因素分析》，载于《辽宁工业大学学报（社科）》2008 年第 3 期。

［55］邬冰：《丹东市域可持续发展战略分析》，载于《辽宁行政学院学报》2008 年第 1 期。

［56］马松峰、王亚东：《我国跨境次区域合作进程研究与沿边经济圈形成展望》，载于《经济视角》2009 年第 1 期。

［57］邬冰：《丹东城市人居环境可持续发展分析》，载于《辽宁经济管理干部学院学报》2007 年第 1 期。

［58］张国坤、赵玲等：《中国边境口岸分布及其特征》，载于《吉林师范大学学报》2003 年第 3 期。

［59］邬冰：《辽宁省县域产业集聚与园区发展对策研究》，载于《辽宁经济》2011 年第 3 期。

［60］蓝秋红、陈平：《中越边境口岸经济发展存在的问题与对策》，载于《广西大学学报（社科版）》2008 年第 2 期。

［61］邬冰：《基于县域空间视角的辽宁产业园区发展对策研究》，载于《乡镇经济》2009 年第 10 期。

［62］周天勇、张弥：《城乡二元结构下中国城市化发展道路的选择》，载于《财经问题研究》2011 年第 3 期。

［63］牛德林、许方球：《沿边口岸在中国东北部经济发展中的作用》，载于《东欧中亚市场研究》2001 年。

［64］邬冰：《辽宁基本公共服务均等化过程中的存在问题及对策研究》，载于《辽东学院学报（社科版）》2011 年第 1 期。

［65］陈世斌：《黑龙江省对外开放口岸空间结构分析》，载于《世界地理研究》2002 年第 3 期。

［66］赵景海：《我国资源型城市发展研究进展综述》，载于《城市经济》2006 年第 3 期。

［67］何序君、陈沧杰：《城市规划视角下的城市文化建设研究述评及展望》，载于《规划师》2012 年第 10 期。